PREFAZIONE

I0158099

La raccolta di frasari da viaggio "Andrà tutto bene!" pubblicati da T&P Books è destinata a coloro che viaggiano all'estero per turismo e per motivi professionali. I frasari contengono ciò che conta di più - gli elementi essenziali per la comunicazione di base. Questa è un'indispensabile serie di frasi utili per "sopravvivere" durante i soggiorni all'estero.

Questo frasario potrà esservi di aiuto nella maggior parte dei casi in cui dovrete chiedere informazioni, ottenere indicazioni stradali, domandare quanto costa qualcosa, ecc. Risulterà molto utile per risolvere situazioni dove la comunicazione è difficile e i gesti non possono aiutarci.

Questo libro contiene molte frasi che sono state raggruppate a seconda degli argomenti più importanti. Inoltre, una sezione separata del libro include un piccolo dizionario con più di 1.500 termini utili ed importanti.

Durante i vostri viaggi portate con voi il frasario "Andrà tutto bene!" e disporrete di un insostituibile compagno di viaggio che vi aiuterà nei momenti di difficoltà e vi insegnerà a non avere paura di parlare in un'altra lingua straniera.

INDICE

Pronuncia 5
Lista delle abbreviazioni 7
Frasario Italiano-Ucraino 9
Dizionario ridotto 73

T&P Books Publishing

T&P Books Publishing

FRASARIO

— UCRAINO —

I TERMINI E LE ESPRESSIONI PIÙ UTILI

Questo frasario contiene
espressioni e domande
di uso comune che
risulteranno utili
per intraprendere
conversazioni di base
con gli stranieri

Andrey Taranov

T&p BOOKS

Frasario + dizionario da 1500 vocaboli

Frasario Italiano-Ucraino e dizionario ridotto da 1500 vocaboli

Di Andrey Taranov

La raccolta di frasari da viaggio "Andrà tutto bene!" pubblicati da T&P Books è destinata a coloro che viaggiano all'estero per turismo e per motivi professionali. I frasari contengono ciò che conta di più - gli elementi essenziali per la comunicazione di base. Questa è un'indispensabile serie di frasi utili per "sopravvivere" durante i soggiorni all'estero.

Una sezione del libro contiene anche un piccolo dizionario con più di 1.500 vocaboli. Il dizionario include molti termini gastronomici che risulteranno utili per ordinare pietanze al ristorante o per fare acquisti di genere alimentare.

T&P Books Publishing
www.tpbooks.com

ISBN: 978-1-78616-843-6

Questo libro è disponibile anche in formato e-book.
Visitate il sito www.tpbooks.com o le principali librerie online.

PRONUNCIA

Lettera	Esempio ucraino	Alfabeto fonetico T&P	Esempio italiano

Vocali

Lettera	Esempio ucraino	Alfabeto fonetico T&P	Esempio italiano
А а	акт	[a]	macchia
Е е	берет	[e], [ɛ]	meno, leggere
Є є	модельєр	[ɛ]	centro
И и	ритм	[ķ]	cometa
I i	компанія	[i]	vittoria
Ї ї	поїзд	[ji]	dettagli
О о	око	[ɔ]	romanzo
У у	буря	[u]	prugno
Ю ю	костюм	[ʲu]	aiuto
Я я	маяк	[ja], [ʲa]	piazza

Consonanti

Lettera	Esempio ucraino	Alfabeto fonetico T&P	Esempio italiano
Б б	бездна	[b]	bianco
В в	вікно	[w]	week-end
Г г	готель	[h]	simile gufo, gatto
Ґ ґ	ґудзик	[g]	guerriero
Д д	дефіс	[d]	doccia
Ж ж	жанр	[ʒ]	beige
З з	зброя	[z]	rosa
Й й	йти	[j]	New York
К к	крок	[ķ]	cometa
Л л	лев	[l]	saluto
М м	мати	[m]	mostra
Н н	назва	[n]	notte
П п	приз	[p]	pieno
Р р	радість	[r]	ritmo, raro
С с	сон	[s]	sapere
Т т	тир	[t]	tattica
Ф ф	фарба	[f]	ferrovia
Х х	холод	[h]	[h] aspirate
Ц ц	церква	[ʦ]	calzini
Ч ч	час	[ʧ]	cinque

Lettera	Esempio ucraino	Alfabeto fonetico T&P	Esempio italiano
Ш ш	шуба	[ʃ]	ruscello
Щ щ	щука	[ɕ]	fasciatura
ь	камінь	[ʲ]	Jer molle
ъ	ім'я	[ʼ]	Jer dura

LISTA DELLE ABBREVIAZIONI

Italiano. Abbreviazioni

agg	-	aggettivo
anim.	-	animato
avv	-	avverbio
cong	-	congiunzione
ecc.	-	eccetera
f	-	sostantivo femminile
f pl	-	femminile plurale
fem.	-	femminile
form.	-	formale
inanim.	-	inanimato
inform.	-	familiare
m	-	sostantivo maschile
m pl	-	maschile plurale
m, f	-	maschile, femminile
masc.	-	maschile
mil.	-	militare
pl	-	plurale
pron	-	pronome
qc	-	qualcosa
qn	-	qualcuno
sing.	-	singolare
v aus	-	verbo ausiliare
vi	-	verbo intransitivo
vi, vt	-	verbo intransitivo, transitivo
vr	-	verbo riflessivo
vt	-	verbo transitivo

Ucraino. Abbreviazioni

ж	-	sostantivo femminile
мн	-	plurale
с	-	neutro
ч	-	sostantivo maschile

T&P BOOKS

FRASARIO UCRAINO

Questa sezione contiene frasi importanti che potranno rivelarsi utili in varie situazioni di vita quotidiana. Il frasario vi sarà di aiuto per chiedere indicazioni, chiarire il prezzo di qualcosa, comprare dei biglietti e ordinare pietanze in un ristorante

T&P Books Publishing

INDICE DEL FRASARIO

Il minimo indispensabile	12
Domande	15
Necessità	16
Come chiedere indicazioni	18
Segnaletica	20
Mezzi di trasporto - Frasi generiche	22
Acquistando un biglietto	24
Autobus	26
Treno	28
Sul treno - Dialogo (Senza il biglietto)	29
Taxi	30
Hotel	32
Al Ristorante	35
Shopping	37
In città	39
Soldi	41

Le ore   43
Saluti - Presentazione   45
Saluti di commiato   47
Lingua straniera   49
Chiedere scusa   50
Essere d'accordo   51
Diniego. Esprimere incertezza   52
Esprimere gratitude   54
Congratulazioni. Auguri   55
Socializzare   56
Comunicare impressioni ed emozioni   59
Problemi. Incidenti   61
Problemi di salute   64
In farmacia   67
Il minimo indispensabile   69

T&P Books Publishing

Il minimo indispensabile

Mi scusi, ...
Вибачте, ...
['wibatʃtɛ, ...]

Buongiorno.
Добрий день.
['dobrij dɛnʲ.]

Grazie.
Дякую.
['dʲakuʲu.]

Arrivederci.
До побачення.
[do po'batʃɛnʲa.]

Sì.
Так.
[tak.]

No.
Ні.
[ni.]

Non lo so.
Я не знаю.
[ja nɛ 'znaʲu.]

Dove? | Dove? (~ stai andando?) | Quando?
Де? | Куди? | Коли?
[dɛ? | ku'dɨ? | ko'lɨ?]

Ho bisogno di ...
Мені потрібен ...
[mɛ'ni po'tribɛn ...]

Voglio ...
Я хочу ...
[ja 'hɔtʃu ...]

Avete ...?
У вас є ...?
[u was 'ɛ ...?]

C'è un /una/ ... qui?
Тут є ...?
[tut ɛ ...?]

Posso ...?
Чи можна мені ...?
[tʃi 'mɔʒna mɛ'ni ...?]

per favore
Будь ласка
[budʲ 'laska]

Sto cercando ...
Я шукаю ...
[ja ʃu'kaʲu ...]

il bagno
туалет
[tua'lɛt]

un bancomat
банкомат
[banko'mat]

una farmacia
аптеку
[ap'tɛku]

un ospedale
лікарню
[li'karnʲu]

la stazione di polizia
поліцейську дільницю
[poli'tsɛjsʲku dilʲ'nitsʲu]

la metro
метро
[mɛt'rɔ]

un taxi	**таксі** [tak'si]
la stazione (ferroviaria)	**вокзал** [wok'zal]

Mi chiamo …	**Мене звуть …** [mɛ'nɛ zwutʲ …]
Come si chiama?	**Як вас звуть?** [jak was 'zwutʲ?]
Mi può aiutare, per favore?	**Допоможіть мені, будь ласка.** [dopomo'ʒitʲ mɛ'ni, budʲ 'laska.]
Ho un problema.	**У мене проблема.** [u 'mɛnɛ prob'lɛma.]
Mi sento male.	**Мені погано.** [mɛ'ni po'ɦano.]
Chiamate l'ambulanza!	**Викличте швидку!** ['wikliʧtɛ ʃwid'ku!]
Posso fare una telefonata?	**Чи можна мені зателефонувати?** [ʧi 'moʒna mɛ'ni zatɛlɛfonu'wati?]

Mi dispiace.	**Прошу вибачення** ['proʃu 'wibaʧɛnʲa]
Prego.	**Прошу** ['proʃu]

io	**я** [ja]
tu	**ти** [ti]
lui	**він** [win]
lei	**вона** [wo'na]
loro (m)	**вони** [wo'nɨ]
loro (f)	**вони** [wo'ni]
noi	**ми** [mɨ]
voi	**ви** [wɨ]
Lei	**Ви** [wɨ]

ENTRATA	**ВХІД** [whid]
USCITA	**ВИХІД** ['wihid]
FUORI SERVIZIO	**НЕ ПРАЦЮЄ** [nɛ pra'tsʲuɛ]
CHIUSO	**ЗАКРИТО** [za'krito]

APERTO

ВІДКРИТО
[wid'krito]

DONNE

ДЛЯ ЖІНОК
[dlʲa ʒi'nɔk]

UOMINI

ДЛЯ ЧОЛОВІКІВ
[dlʲa tʃolowi'kiw]

Domande

Dove?	**Де?** [dɛ?]
Dove? (~ stai andando?)	**Куди?** [ku'dɨ?]
Da dove?	**Звідки?** ['zwidkɨ?]
Perchè?	**Чому?** [ʧo'mu?]
Per quale motivo?	**Навіщо?** [na'wiɕo?]
Quando?	**Коли?** [ko'lɨ?]

Per quanto tempo?	**Скільки часу?** ['skilʲkɨ 'ʧasu?]
A che ora?	**О котрій?** [o kot'rij?]
Quanto?	**Скільки коштує?** ['skilʲkɨ 'koʃtuɛ?]
Avete ...?	**У вас є ...?** [u was 'ɛ ...?]
Dov'e ...?	**Де знаходиться ...?** [dɛ zna'hodɨtʲsʲa ...?]

Che ore sono?	**Котра година?** [ko'tra ɦo'dɨna?]
Posso fare una telefonata?	**Чи можна мені зателефонувати?** [ʧɨ 'moʒna mɛ'ni zatɛlɛfonu'watɨ?]
Chi è?	**Хто там?** [hto tam?]
Si può fumare qui?	**Чи можна мені тут палити?** [ʧɨ 'moʒna mɛ'ni tut pa'lɨtɨ?]
Posso ...?	**Чи можна мені ...?** [ʧɨ 'moʒna mɛ'ni ...?]

Necessità

Vorrei …	**Я б хотів /хотіла/ …** [ja b hoʹtiw /hoʹtila/ …]
Non voglio …	**Я не хочу …** [ja nɛ ʹhoʧu …]
Ho sete.	**Я хочу пити.** [ja ʹhoʧu ʹpiti.]
Ho sonno.	**Я хочу спати.** [ja ʹhoʧu ʹspati.]
Voglio …	**Я хочу …** [ja ʹhoʧu …]
lavarmi	**вмитися** [ʹwmitisʲa]
lavare i denti	**почистити зуби** [poʹʧistiti ʹzubi]
riposae un po'	**трохи відпочити** [ʹtrohi widpoʹʧiti]
cambiare i vestiti	**переодягнутися** [pɛrɛodʲaɦʹnutisʲa]
tornare in albergo	**повернутися в готель** [powɛrʹnutisʲa w hoʹtɛlʲ]
comprare …	**купити …** [kuʹpiti …]
andare a …	**з'їздити в …** [ʹzʲizditi w …]
visitare …	**відвідати …** [widʹwidati …]
incontrare …	**зустрітися з …** [zustʹritisʲa z …]
fare una telefonata	**зателефонувати** [zatɛlɛfonuʹwati]
Sono stanco.	**Я втомився /втомилася/.** [ja wtoʹmiwsʲa /wtoʹmilasʲa/.]
Siamo stanchi.	**Ми втомилися.** [mi wtoʹmilisʲa.]
Ho freddo.	**Мені холодно.** [mɛʹni ʹholodno.]
Ho caldo.	**Мені спекотно.** [mɛʹni spɛʹkotno.]
Sto bene.	**Мені нормально.** [mɛʹni norʹmalʲno.]

Devo fare una telefonata.	**Мені треба зателефонувати.** [mɛ'ni 'trɛba zatɛlɛfonu'watɨ.]
Devo andare in bagno.	**Мені треба в туалет.** [mɛ'ni 'trɛba w tua'lɛt.]
Devo andare.	**Мені вже час.** [mɛ'ni wʒɛ ʧas.]
Devo andare adesso.	**Мушу вже йти.** ['muʃu wʒɛ jtɨ.]

Come chiedere indicazioni

Mi scusi, ...	**Вибачте, ...** ['wibatʃtɛ, ...]
Dove si trova ...?	**Де знаходиться ...?** [dɛ zna'hɔditʲsʲa ...?]
Da che parte è ...?	**В якому напрямку знаходиться ...?** [w ja'kɔmu 'naprʲamku zna'hɔditʲsʲa ...?]
Mi può aiutare, per favore?	**Допоможіть мені, будь ласка.** [dopomo'ʒitʲ mɛ'ni, budʲ 'laska.]

Sto cercando ...	**Я шукаю ...** [ja ʃu'kaʲu ...]
Sto cercando l'uscita.	**Я шукаю вихід.** [ja ʃu'kaʲu 'wihid.]
Sto andando a ...	**Я їду в ...** [ja 'idu w ...]
Sto andando nella direzione giusta per ...?	**Чи правильно я йду ...?** [tʃi 'prawilʲno ja jdu ...?]

E' lontano?	**Це далеко?** [tsɛ da'lɛko?]
Posso andarci a piedi?	**Чи дійду я туди пішки?** [tʃi dij'du ja tu'di 'piʃki?]
Può mostrarmi sulla piantina?	**Покажіть мені на карті, будь ласка.** [poka'ʒitʲ mɛ'ni na 'karti, budʲ 'laska.]
Può mostrarmi dove ci troviamo adesso.	**Покажіть, де ми зараз.** [poka'ʒitʲ, dɛ mi 'zaraz.]

Qui	**Тут** [tut]
Là	**Там** [tam]
Da questa parte	**Сюди** [sʲu'di]

Giri a destra.	**Поверніть направо.** [powɛr'nitʲ na'prawo.]
Giri a sinistra.	**Поверніть наліво.** [powɛr'nitʲ na'liwo.]
La prima (la seconda, la terza) strada	**перший (другий, третій) поворот** ['pɛrʃij ('druhij, 'trɛtij) powo'rɔt]

a destra
направо
[na'prawo]

a sinistra
наліво
[na'liwo]

Vada sempre dritto.
Ідіть прямо.
[i'ditⁱ 'prⁱamo.]

Segnaletica

BENVENUTO!

ENTRATA

USCITA

ЛАСКАВО ПРОСИМО
[las'kawo 'prɔsɨmo]

ВХІД
[whid]

ВИХІД
['wɨhid]

SPINGERE

TIRARE

APERTO

CHIUSO

ВІД СЕБЕ
[wid 'sɛbɛ]

ДО СЕБЕ
[do 'sɛbɛ]

ВІДКРИТО
[wid'krɨto]

ЗАКРИТО
[za'krɨto]

DONNE

UOMINI

BAGNO UOMINI

BAGNO DONNE

ДЛЯ ЖІНОК
[dlʲa ʒi'nɔk]

ДЛЯ ЧОЛОВІКІВ
[dlʲa ʧolowi'kiw]

ЧОЛОВІЧИЙ ТУАЛЕТ
[ʧolo'wiʧij tua'lɛt]

ЖІНОЧИЙ ТУАЛЕТ
[ʒi'nɔʧij tua'lɛt]

SALDI | SCONTI

IN SALDO

GRATIS

NOVITA!

ATTENZIONE!

ЗНИЖКИ
['znɨʒkɨ]

РОЗПРОДАЖ
[roz'prɔdaʒ]

БЕЗКОШТОВНО
[bɛzkoʃ'towno]

НОВИНКА!
[no'wɨnka!]

УВАГА!
[u'waɦa!]

COMPLETO

RISERVATO

AMMINISTRAZIONE

RISERVATO AL PERSONALE

МІСЦЬ НЕМАЄ
[misʦ nɛ'maɛ]

ЗАРЕЗЕРВОВАНО
[zarɛzɛr'wɔwano]

АДМІНІСТРАЦІЯ
[admini'straʦiʲa]

ТІЛЬКИ ДЛЯ ПЕРСОНАЛУ
['tilʲkɨ dlʲa pɛrso'nalu]

ATTENTI AL CANE!	**ЗЛИЙ СОБАКА** [zlij so'baka]
VIETATO FUMARE	**НЕ ПАЛИТИ!** [nɛ pa'lɨtɨ!]
NON TOCCARE	**РУКАМИ НЕ ТОРКАТИСЯ!** [ru'kamɨ nɛ tor'katisʲaǃ]
PERICOLOSO	**НЕБЕЗПЕЧНО** [nɛbɛz'pɛʧno]
PERICOLO	**НЕБЕЗПЕКА** [nɛbɛz'pɛka]
ALTA TENSIONE	**ВИСОКА НАПРУГА** [wɨ'sɔka na'pruɦa]
DIVIETO DI BALNEAZIONE	**КУПАТИСЯ ЗАБОРОНЕНО** [ku'patisʲa zabo'rɔnɛno]

FUORI SERVIZIO	**НЕ ПРАЦЮЄ** [nɛ pra'ʦʲuɛ]
INFIAMMABILE	**ВОГНЕНЕБЕЗПЕЧНО** ['woɦnɛ nɛbɛz'pɛʧno]
VIETATO	**ЗАБОРОНЕНО** [zabo'rɔnɛno]
VIETATO L'ACCESSO	**ПРОХІД ЗАБОРОНЕНИЙ** [pro'hid zabo'rɔnɛnɨj]
PITTURA FRESCA	**ПОФАРБОВАНО** [pofar'bɔwano]

CHIUSO PER RESTAURO	**ЗАКРИТО НА РЕМОНТ** [za'krɨto na rɛ'mɔnt]
LAVORI IN CORSO	**РЕМОНТНІ РОБОТИ** [rɛ'mɔntni ro'botɨ]
DEVIAZIONE	**ОБ'ЇЗД** [obˀizd]

Mezzi di trasporto - Frasi generiche

aereo	літак [li'tak]
treno	поїзд ['pɔizd]
autobus	автобус [aw'tɔbus]
traghetto	пором [po'rɔm]
taxi	таксі [tak'si]
macchina	автомобіль [awtomo'bilʲ]
orario	розклад ['rɔzklad]
Dove posso vedere l'orario?	Де можна подивитися розклад? [dɛ 'mɔʒna podiˈwitisʲa 'rɔzklad?]
giorni feriali	робочі дні [ro'bɔtʃi dni]
giorni di festa (domenica)	вихідні дні [wɨhid'ni dni]
giorni festivi	святкові дні [swʲat'kɔwi dni]
PARTENZA	ВІДПРАВЛЕННЯ [wid'prawlɛnʲa]
ARRIVO	ПРИБУТТЯ [pribut'tʲa]
IN RITARDO	ЗАТРИМУЄТЬСЯ [za'trimuɛtʲsʲa]
CANCELLATO	ВІДМІНЕНИЙ [wid'minɛnij]
il prossimo (treno, ecc.)	наступний [na'stupnij]
il primo	перший ['pɛrʃij]
l'ultimo	останній [os'tanij]
Quando è il prossimo ...?	Коли буде наступний ...? [ko'lɨ 'budɛ na'stupnij ...?]
Quando è il primo ...?	Коли відправляється перший ...? [ko'lɨ widpraw'lʲaɛtʲsʲa 'pɛrʃij ...?]

Quando è l'ultimo …?	**Коли відправляється останній …?** [ko'lɨ widpraw'lʲaɛtʲsʲa os'tanij …?]
scalo	**пересадка** [pɛrɛ'sadka]
effettuare uno scalo	**зробити пересадку** [zro'bɨtɨ pɛrɛ'sadku]
Devo cambiare?	**Чи потрібно мені робити пересадку?** [ʧɨ pot'ribno mɛ'ni ro'bɨtɨ pɛrɛ'sadku?]

Acquistando un biglietto

Dove posso comprare i biglietti?	**Де я можу купити квитки?** [dɛ ja 'mɔʒu ku'pitɨ kwɨt'kɨ?]
biglietto	**квиток** [kwɨ'tɔk]
comprare un biglietto	**купити квиток** [ku'pitɨ kwɨ'tɔk]
il prezzo del biglietto	**вартість квитка** ['wartistʲ kwɨt'ka]
Dove?	**Куди?** [ku'di?]
In quale stazione?	**До якої станції?** [do ja'kɔi 'stantsii?]
Avrei bisogno di …	**Мені потрібно …** [mɛ'ni po'tribno …]
un biglietto	**один квиток** [o'din kwɨ'tɔk]
due biglietti	**два квитки** [dwa kwɨt'kɨ]
tre biglietti	**три квитки** [trɨ kwɨt'kɨ]
solo andata	**в один кінець** [w o'din ki'nɛts]
andata e ritorno	**туди і назад** [tu'di i na'zad]
prima classe	**перший клас** ['pɛrʃɨj klas]
seconda classe	**другий клас** ['druɦɨj klas]
oggi	**сьогодні** [sʲo'ɦɔdni]
domani	**завтра** ['zawtra]
dopodomani	**післязавтра** [pislʲa'zawtra]
la mattina	**вранці** ['wrantsi]
nel pomeriggio	**вдень** ['wdɛnʲ]
la sera	**ввечері** ['wvɛtʃɛri]

posto lato corridoio	**місце біля проходу** ['mistsɛ 'bilʲa pro'hɔdu]
posto lato finestrino	**місце біля вікна** ['mistsɛ 'bilʲa wik'na]
Quanto?	**Скільки?** ['skilʲkɨ?]
Posso pagare con la carta di credito?	**Чи можу я заплатити карткою?** [tʃɨ 'mɔʒu ja zapla'tɨtɨ 'kartkoʲu?]

Autobus

autobus	**автобус** [aw'tɔbus]
autobus interurbano	**міжміський автобус** [miʒmisʲ'kij aw'tɔbus]
fermata dell'autobus	**автобусна зупинка** [aw'tɔbusna zu'pinka]
Dov'è la fermata dell'autobus più vicina?	**Де найближча автобусна зупинка?** [dɛ najb'liʒtʃa aw'tɔbusna zu'pinka?]
numero	**номер** ['nɔmɛr]
Quale autobus devo prendere per andare a ...?	**Який автобус їде до ...?** [ja'kij aw'tɔbus 'idɛ do ...?]
Questo autobus va a ...?	**Цей автобус їде до ...?** [tsɛj aw'tɔbus 'idɛ do ...?]
Qual'è la frequenza delle corse degli autobus?	**Як часто ходять автобуси?** [jak 'tʃasto 'hɔdʲatʲ aw'tɔbusi?]
ogni 15 minuti	**кожні 15 хвилин** ['kɔʒni pʲjat'nadtsʲatʲ hwi'lin]
ogni mezzora	**щопівгодини** [ɕopiwɦo'dini]
ogni ora	**щогодини** [ɕoɦo'dini]
più a volte al giorno	**кілька разів на день** ['kilʲka ra'ziw na dɛnʲ]
... volte al giorno	**... разів на день** [... ra'ziw na 'dɛnʲ]
orario	**розклад** ['rɔzklad]
Dove posso vedere l'orario?	**Де можна подивитися розклад?** [dɛ 'mɔʒna podi'witisʲa 'rɔzklad?]
Quando passa il prossimo autobus?	**Коли буде наступний автобус?** [ko'li 'budɛ na'stupnij aw'tɔbus?]
A che ora è il primo autobus?	**Коли відправляється перший автобус?** [ko'li widpraw'lʲaɛtʲsʲa 'pɛrʃij aw'tɔbus?]
A che ora è l'ultimo autobus?	**Коли їде останній автобус?** [ko'li 'idɛ os'tanij aw'tɔbus?]

fermata	**зупинка** [zu'pɨnka]
prossima fermata	**наступна зупинка** [na'stupna zu'pɨnka]
ultima fermata	**кінцева зупинка** [kin'tsɛwa zu'pɨnka]
Può fermarsi qui, per favore.	**Зупиніть тут, будь ласка.** [zupɨ'nitʲ tut, budʲ 'laska.]
Mi scusi, questa è la mia fermata.	**Дозвольте, це моя зупинка.** [doz'wolʲtɛ, tsɛ mo'ʲa zu'pɨnka.]

Treno

treno	**поїзд** ['pɔizd]
treno locale	**приміський поїзд** [primisʲ'kij 'pɔizd]
treno a lunga percorrenza	**поїзд далекого прямування** ['pɔizd da'lɛkoɦo prʲamu'wanʲa]
stazione (~ ferroviaria)	**вокзал** [wok'zal]
Mi scusi, dov'è l'uscita per il binario?	**Вибачте, де вихід до поїздів?** ['wibatʃtɛ, dɛ 'wiɦid do poiz'diw?]

Questo treno va a ...?	**Цей поїзд їде до ...?** [tsɛj 'pɔizd 'idɛ do ...?]
il prossimo treno	**наступний поїзд** [na'stupnij 'pɔizd]
Quando è il prossimo treno?	**Коли буде наступний поїзд?** [ko'li 'budɛ na'stupnij 'pɔizd?]
Dove posso vedere l'orario?	**Де можна подивитися розклад?** [dɛ 'mɔʒna podi'witisʲa 'rɔzklad?]
Da quale binario?	**З якої платформи?** [z ja'kɔi plat'fɔrmi?]
Quando il treno arriva a ... ?	**Коли поїзд прибуває в ...?** [ko'li 'pɔizd pribu'waɛ w ...?]

Mi può aiutare, per favore.	**Допоможіть мені, будь ласка.** [dopomo'ʒitʲ mɛ'ni, budʲ 'laska.]
Sto cercando il mio posto.	**Я шукаю своє місце.** [ja ʃu'kaʲu swo'ɛ 'mistsɛ.]
Stiamo cercando i nostri posti.	**Ми шукаємо наші місця.** [mi ʃu'kaɛmo 'naʃi mis'tsʲa.]
Il mio posto è occupato.	**Моє місце зайняте.** [mo'ɛ 'mistsɛ 'zajnʲatɛ.]
I nostri posti sono occupati.	**Наші місця зайняті.** ['naʃi mis'tsʲa 'zajnʲati.]

Mi scusi, ma questo è il mio posto.	**Вибачте, будь ласка, але це моє місце.** ['wibatʃtɛ, budʲ 'laska, a'lɛ tsɛ mo'ɛ 'mistsɛ.]
E' occupato?	**Це місце вільне?** [tsɛ 'mistsɛ 'wilʲnɛ?]
Posso sedermi qui?	**Можна мені тут сісти?** ['mɔʒna mɛ'ni tut 'sisti?]

Sul treno - Dialogo (Senza il biglietto)

Biglietto per favore.

Ваш квиток, будь ласка.
[waʃ kwɨ'tɔk, budʲ 'laska.]

Non ho il biglietto.

У мене немає квитка.
[u 'mɛnɛ nɛ'maɛ kwɨt'ka.]

Ho perso il biglietto.

Я загубив /загубила/ свій квиток.
[ja zaɦu'bɨw /zaɦu'bɨla/ swij kwɨ'tɔk.]

Ho dimenticato il biglietto a casa.

Я забув /забула/ квиток вдома.
[ja za'buw /za'bula/ kwɨ'tɔk 'wdoma.]

Può acquistare il biglietto da me.

Ви можете купити квиток у мене.
[wɨ 'mɔʒɛtɛ ku'pɨtɨ kwɨ'tɔk u 'mɛnɛ.]

Deve anche pagare una multa.

Вам ще доведеться заплатити штраф.
[wam ɕɛ dowɛ'dɛtʲsʲa zapla'tɨtɨ ʃtraf.]

Va bene.

Добре.
['dɔbrɛ.]

Dove va?

Куди ви їдете?
[ku'dɨ wɨ 'idɛtɛ?]

Vado a ...

Я їду до ...
[ja 'idu do ...]

Quanto? Non capisco.

Скільки? Я не розумію.
['skilʲkɨ? ja nɛ rozu'miʲu.]

Può scriverlo per favore.

Напишіть, будь ласка.
[napɨ'ʃitʲ, budʲ 'laska.]

D'accordo. Posso pagare con la carta di credito?

Добре. Чи можу я заплатити карткою?
['dɔbrɛ. tʃɨ 'mɔʒu ja zapla'tɨtɨ 'kartkoʲu?]

Sì.

Так, можете.
[tak, 'mɔʒɛtɛ.]

Ecco la sua ricevuta.

Ось ваша квитанція.
[osʲ 'waʃa kwɨ'tantsʲiʲa.]

Mi dispiace per la multa.

Шкодую про штраф.
[ʃko'duʲu pro 'ʃtraf.]

Va bene così. È stata colpa mia.

Це нічого. Це моя вина.
[tsɛ ni'tʃoɦo tsɛ mo'ʲa wɨ'na.]

Buon viaggio.

Приємної вам поїздки.
[prɨ'ɛmnoi wam po'izdkɨ.]

Taxi

taxi	**таксі** [tak'si]
tassista	**таксист** [tak'sist]
prendere un taxi	**зловити таксі** [zlo'witi tak'si]
posteggio taxi	**стоянка таксі** [sto^ǁanka tak'si]
Dove posso prendere un taxi?	**Де я можу взяти таксі?** [dɛ ja 'mɔʒu 'wzʲati tak'si?]
chiamare un taxi	**викликати таксі** ['wiklikati tak'si]
Ho bisogno di un taxi.	**Мені потрібно таксі.** [mɛ'ni po'tribno tak'si.]
Adesso.	**Просто зараз.** ['prɔsto 'zaraz.]
Qual'è il suo indirizzo?	**Ваша адреса?** ['waʃa ad'rɛsa?]
Il mio indirizzo è …	**Моя адреса …** [mo^ǁa ad'rɛsa …]
La sua destinazione?	**Куди ви поїдете?** [ku'di wi po'idɛtɛ?]
Mi scusi, …	**Вибачте, …** ['wibatʃtɛ, …]
E' libero?	**Ви вільні?** [wi 'wilʲni?]
Quanto costa andare a …?	**Скільки коштує доїхати до …?** ['skilʲki 'kɔʃtuɛ do'ihati do …?]
Sapete dove si trova?	**Ви знаєте, де це?** [wi 'znaɛtɛ, dɛ ʦɛ?]
All'aeroporto, per favore.	**В аеропорт, будь ласка.** [w aɛro'pɔrt, budʲ 'laska.]
Si fermi qui, per favore.	**Зупиніться тут, будь ласка.** [zupi'nitʲsʲa tut, budʲ 'laska.]
Non è qui.	**Це не тут.** [ʦɛ nɛ tut.]
È l'indirizzo sbagliato.	**Це неправильна адреса.** [ʦɛ nɛ'prawilʲna ad'rɛsa.]
Giri a sinistra.	**Зараз наліво.** ['zaraz na'liwo.]
Giri a destra.	**Зараз направо.** ['zaraz na'prawo.]

Quanto le devo?	**Скільки я вам винен /винна/?** ['skilʲki ja wam 'winɛn /'wina/?]
Potrei avere una ricevuta, per favore.	**Дайте мені чек, будь ласка.** ['dajtɛ mɛ'ni ʧɛk, budʲ 'laska.]
Tenga il resto.	**Здачі не треба.** ['zdaʧi nɛ 'trɛba.]

Può aspettarmi, per favore?	**Зачекайте мене, будь ласка.** [zaʧɛ'kajtɛ mɛ'nɛ, budʲ 'laska.]
cinque minuti	**5 хвилин** ['pʲlatʲ hwi'lin]
dieci minuti	**10 хвилин** ['dɛsʲatʲ hwi'lin]
quindici minuti	**15 хвилин** [pʲlat'nadʦʲatʲ hwi'lin]
venti minuti	**20 хвилин** ['dwadʦʲatʲ hwi'lin]
mezzora	**півгодини** [piwɦo'dini]

Hotel

Salve.	**Добрий день.** ['dɔbrij dɛnʲ.]
Mi chiamo …	**Мене звуть …** [mɛ'nɛ zwutʲ …]
Ho prenotato una camera.	**Я резервував /резервувала/ номер.** [ja rɛzɛrwu'waw /rɛzɛrwu'wala/ 'nɔmɛr.]

Ho bisogno di …	**Мені потрібен …** [mɛ'ni po'tribɛn …]
una camera singola	**одномісний номер** [odno'misnij 'nɔmɛr]
una camera doppia	**двомісний номер** [dwo'misnij 'nɔmɛr]
Quanto costa questo?	**Скільки він коштує?** ['skilʲki win 'kɔʃtuɛ?]
È un po' caro.	**Це трохи дорого.** [ʦɛ 'trɔhi 'dɔroho.]

Avete qualcos'altro?	**У вас є ще що-небудь?** [u was 'ɛ ɕɛ ɕo-'nɛbudʲ?]
La prendo.	**Я візьму його.** [ja wizʲ'mu ʲo'hɔ.]
Pago in contanti.	**Я заплачу готівкою.** [ja zapla'ʧu ɦo'tiwkoʲu.]

Ho un problema.	**У мене є проблема.** [u 'mɛnɛ ɛ prob'lɛma.]
Il mio … è fuori servizio.	**У мене не працює …** [u 'mɛnɛ nɛ pra'ʦʲuɛ …]
televisore	**телевізор** [tɛlɛ'wizor]
condizionatore	**кондиціонер** [kondiʦio'nɛr]
rubinetto	**кран** [kran]

doccia	**душ** [duʃ]
lavandino	**раковина** ['rakowina]
cassaforte	**сейф** [sɛjf]
serratura	**замок** [za'mɔk]

presa elettrica	розетка
	[ro'zɛtka]
asciugacapelli	фен
	[fɛn]

Non ho ...	У мене немає ...
	[u 'mɛnɛ nɛ'maɛ ...]
l'acqua	води
	[wo'dɨ]
la luce	світла
	['switla]
l'elettricità	електрики
	[ɛ'lɛktrɨkɨ]

Può darmi ...?	Чи не можете мені дати ...?
	[tʃɨ nɛ 'mɔʒɛtɛ mɛ'ni 'datɨ ...?]
un asciugamano	рушник
	[ruʃ'nɨk]
una coperta	ковдру
	['kɔwdru]
delle pantofole	тапочки
	['tapotʃkɨ]
un accappatoio	халат
	[ha'lat]
dello shampoo	шампунь
	[ʃam'punʲ]
del sapone	мило
	['mɨlo]

Vorrei cambiare la camera.	Я б хотів /хотіла/ поміняти номер.
	[ja b ho'tiw /ho'tila/ pomi'nʲatɨ 'nɔmɛr.]
Non trovo la chiave.	Я не можу знайти свій ключ.
	[ja nɛ 'mɔʒu znaj'tɨ swij 'klʲutʃ.]
Potrebbe aprire la mia camera, per favore?	Відкрийте мій номер, будь ласка.
	[wid'krɨjtɛ mij 'nɔmɛr, budʲ 'laska.]
Chi è?	Хто там?
	[hto tam?]
Avanti!	Заходьте!
	[za'hɔdʲtɛ!]
Un attimo!	Одну хвилину!
	[od'nu hwɨ'lɨnu!]
Non adesso, per favore.	Будь ласка, не зараз.
	[budʲ 'laska, nɛ 'zaraz.]

Può venire nella mia camera, per favore.	Зайдіть до мене, будь ласка.
	[zaj'ditʲ do 'mɛnɛ, budʲ 'laska.]
Vorrei ordinare qualcosa da mangiare.	Я хочу зробити замовлення їжі в номер.
	[ja 'hɔtʃu zro'bɨtɨ za'mɔwlɛnʲa 'iʒi w 'nɔmɛr.]
Il mio numero di camera è ...	Мій номер кімнати ...
	[mij 'nɔmɛr kim'natɨ ...]

Parto ...	**Я їду ...** [ja 'idu ...]
Partiamo ...	**Ми їдемо ...** [mi 'idɛmo ...]
adesso	**зараз** ['zaraz]
questo pomeriggio	**сьогодні після обіду** [sʲo'ɦɔdni 'pislʲa o'bidu]
stasera	**сьогодні ввечері** [sʲo'ɦɔdni 'wvɛtʃɛri]
domani	**завтра** ['zawtra]
domani mattina	**завтра вранці** ['zawtra 'wrantsi]
domani sera	**завтра ввечері** ['zawtra 'wvɛtʃɛri]
dopodomani	**післязавтра** [pislʲa'zawtra]

Vorrei pagare.	**Я б хотів /хотіла/ розрахуватися.** [ja b ho'tiw /ho'tila/ rozrahu'watisʲa.]
È stato tutto magnifico.	**Все було чудово.** [wsɛ bu'lɔ tʃu'dɔwo.]
Dove posso prendere un taxi?	**Де я можу взяти таксі?** [dɛ ja 'mɔʒu 'wzʲatɨ tak'si?]
Potrebbe chiamarmi un taxi, per favore?	**Викличте мені таксі, будь ласка.** ['wɨklɨtʃtɛ mɛ'ni tak'si, budʲ 'laska.]

Al Ristorante

Posso vedere il menù, per favore?
Чи можу я подивитися ваше меню?
[tʃɨ 'moʒu ja podɨ'wɨtɨsʲa 'waʃɛ mɛ'nʲu?]

Un tavolo per una persona.
Столик для одного.
['stolɨk dlʲa od'noɦo.]

Siamo in due (tre, quattro).
Нас двоє (троє, четверо).
[nas 'dwɔɛ ('trɔɛ, 'tʃɛtwɛro).]

Fumatori
Для курців
[dlʲa kur'tsiw]

Non fumatori
Для некурців
[dlʲa nɛkur'tsiw]

Mi scusi!
Будьте ласкаві!
['budʲtɛ las'kawi!]

il menù
меню
[mɛ'nʲu]

la lista dei vini
карта вин
['karta wɨn]

Posso avere il menù, per favore.
Меню, будь ласка.
[mɛ'nʲu, budʲ 'laska.]

È pronto per ordinare?
Ви готові зробити замовлення?
[wɨ ɦo'towi zro'bɨtɨ za'mowlɛnʲa?]

Cosa gradisce?
Що ви будете замовляти?
[ɕo wɨ 'budɛtɛ zamow'lʲatɨ?]

Prendo …
Я буду …
[ja 'budu …]

Sono vegetariano.
Я вегетаріанець /вегетаріанка/.
[ja wɛɦɛtari'anɛts /wɛɦɛtari'anka/.]

carne
м'ясо
['mʔjaso]

pesce
риба
['rɨba]

verdure
овочі
['ɔwotʃi]

Avete dei piatti vegetariani?
У вас є вегетаріанські страви?
[u was 'ɛ wɛɦɛtari'ansʲki 'strawɨ?]

Non mangio carne di maiale.
Я не їм свинину.
[ja nɛ im swɨ'nɨnu.]

Lui /lei/ non mangia la carne.
Він /вона/ не їсть м'ясо.
[win /wo'na/ nɛ istʲ 'mʔjaso.]

Sono allergico a …
У мене алергія на …
[u 'mɛnɛ alɛr'ɦiʲa na …]

Potrebbe portarmi ...	**Принесіть мені, будь ласка ...** [prinɛˈsitʲ mɛˈni, budʲ ˈlaska ...]
del sale | del pepe | dello zucchero	**сіль | перець | цукор** [silʲ | ˈpɛrɛts | ˈtsukor]
un caffè | un tè | un dolce	**каву | чай | десерт** [ˈkawu | ʧaj | dɛˈsɛrt]
dell'acqua | frizzante | naturale	**воду | з газом | без газу** [ˈwɔdu | z ˈɦazom | bɛz ˈɦazu]
un cucchiaio | una forchetta | un coltello	**ложку | вилку | ніж** [ˈlɔʒku | ˈwɪlku | niʒ]
un piatto | un tovagliolo	**тарілку | серветку** [taˈrilku | sɛrˈwɛtku]

Buon appetito!	**Смачного!** [smaʧˈnɔɦo!]
Un altro, per favore.	**Принесіть ще, будь ласка.** [prinɛˈsitʲ ɕɛ, budʲ ˈlaska.]
È stato squisito.	**Було дуже смачно.** [buˈlɔ ˈduʒɛ ˈsmaʧno.]

il conto | il resto | la mancia	**рахунок | здача | чайові** [raˈhunok | ˈzdaʧa | ʧaʲoˈwi]
Il conto, per favore.	**Рахунок, будь ласка.** [raˈhunok, budʲ ˈlaska.]
Posso pagare con la carta di credito?	**Чи можу я заплатити карткою?** [ʧi ˈmɔʒu ja zaplaˈtiti ˈkartkoʲu?]
Mi scusi, c'è un errore.	**Вибачте, тут помилка.** [ˈwɪbaʧtɛ, tut poˈmɪlka.]

Shopping

Posso aiutarla?
Чи можу я вам допомогти?
[ʧ 'mɔʒu ja wam dopomoɦ'ti?]

Avete ...?
У вас є ...?
[u was 'ɛ ...?]

Sto cercando ...
Я шукаю ...
[ja ʃu'kaʲu ...]

Ho bisogno di ...
Мені потрібен ...
[mɛ'ni po'triben ...]

Sto guardando.
Я просто дивлюся.
[ja 'prɔsto 'diwlʲusʲa.]

Stiamo guardando.
Ми просто дивимося.
[mɨ 'prɔsto 'diwimosʲa.]

Ripasserò più tardi.
Я зайду пізніше.
[ja zaj'du piz'niʃɛ.]

Ripasseremo più tardi.
Ми зайдемо пізніше.
[mɨ 'zajdɛmo piz'niʃɛ.]

sconti | saldi
знижки | розпродаж
['zniʒkɨ | roz'prɔdaʒ]

Per favore, mi può far vedere ...?
Покажіть мені, будь ласка ...
[poka'ʒitʲ mɛ'ni, budʲ 'laska ...]

Per favore, potrebbe darmi ...
Дайте мені, будь ласка ...
['dajtɛ mɛ'ni, budʲ 'laska ...]

Posso provarlo?
Чи можна мені це приміряти?
[ʧ 'mɔʒna mɛ'ni ʦɛ pri'mirʲati?]

Mi scusi, dov'è il camerino?
Вибачте, де примірювальна?
['wɨbaʧtɛ, dɛ pri'mirʲuwalʲna?]

Che colore desidera?
Який колір ви хочете?
[ja'kij 'kolir wɨ 'hoʧɛtɛ?]

taglia | lunghezza
розмір | зріст
['rɔzmir | zrist]

Come le sta?
Підійшло?
[pidij'ʃlɔ?]

Quanto costa questo?
Скільки це коштує?
['skilʲkɨ ʦɛ 'koʃtuɛ?]

È troppo caro.
Це занадто дорого.
[ʦɛ za'nadto 'dɔroɦo.]

Lo prendo.
Я візьму це.
[ja wizʲ'mu ʦɛ.]

Mi scusi, dov'è la cassa?
Вибачте, де каса?
['wɨbaʧtɛ, dɛ 'kasa?]

Paga in contanti o con carta di credito?

Як ви будете платити? Готівкою чи кредиткою?
[jak wɨ 'budɛtɛ pla'tɨtɨ? ɦo'tiwkoʲu ʧɨ krɛ'dɨtkoʲu?]

In contanti | con carta di credito

готівкою | карткою
[ɦo'tiwkoʲu | 'kartkoʲu]

Vuole lo scontrino?

Вам потрібен чек?
[wam po'tribɛn ʧɛk?]

Si, grazie.

Так, будьте ласкаві.
[tak, 'budʲtɛ las'kawi.]

No, va bene così.

Ні, не потрібно. Дякую.
[ni, nɛ po'tribno. 'dʲakuʲu.]

Grazie. Buona giornata!

Дякую. На все добре!
['dʲakuʲu. na wsɛ 'dɔbrɛ.]

In città

Mi scusi, per favore …	**Вибачте, будь ласка …** ['wibatʃtɛ, budʲ 'laska …]
Sto cercando …	**Я шукаю …** [ja ʃu'kaʲu …]
la metropolitana	**метро** [mɛt'rɔ]
il mio albergo	**свій готель** [swij ɦo'tɛlʲ]
il cinema	**кінотеатр** [kinotɛ'atr]
il posteggio taxi	**стоянку таксі** [sto'ʲanku tak'si]
un bancomat	**банкомат** [banko'mat]
un ufficio dei cambi	**обмін валют** ['ɔbmin wa'lʲut]
un internet café	**інтернет-кафе** [intɛr'nɛt-ka'fɛ]
via …	**вулицю …** ['wulitsʲu …]
questo posto	**ось це місце** [osʲ tsɛ 'mistsɛ]
Sa dove si trova …?	**Чи не знаєте Ви, де знаходиться …?** [tʃi nɛ 'znaɛtɛ wi, dɛ zna'ɦoditʲsʲa …?]
Come si chiama questa via?	**Як називається ця вулиця?** [jak nazi'waɛtʲsʲa tsʲa 'wulitsʲa?]
Può mostrarmi dove ci troviamo?	**Покажіть, де ми зараз.** [poka'ʒitʲ, dɛ mi 'zaraz.]
Posso andarci a piedi?	**Я дійду туди пішки?** [ja dij'du tu'di 'piʃki?]
Avete la piantina della città?	**У вас є карта міста?** [u was 'ɛ 'karta 'mista?]
Quanto costa un biglietto?	**Скільки коштує вхідний квиток?** ['skilʲki 'koʃtuɛ whid'nij kwi'tok?]
Si può fotografare?	**Чи можна тут фотографувати?** [tʃi 'moʒna tut fotoɦrafu'wati?]
E' aperto?	**Ви відкриті?** [wi widk'riti?]

Quando aprite?

О котрій ви відкриваєтесь?
[o kot'rij wi widkri'waɛtɛsʲ?]

Quando chiudete?

До котрої години ви працюєте?
[do ko'trɔi ɦo'dini wi pra'tsʲuɛtɛ?]

Soldi

Soldi	**гроші** ['ɦrɔʃi]
contanti	**готівкові гроші** [ɦotiw'kɔwi 'ɦrɔʃi]
banconote	**паперові гроші** [papɛ'rɔwi 'ɦrɔʃi]
monete	**дрібні гроші** [drib'ni 'ɦrɔʃi]
conto | resto | mancia	**рахунок | здача | чайові** [ra'ɦunok | 'zdatʃa | tʃajo'wi]
carta di credito	**кредитна картка** [krɛ'ditna 'kartka]
portafoglio	**гаманець** [ɦama'nɛts]
comprare	**купувати** [kupu'wati]
pagare	**платити** [pla'titi]
multa	**штраф** ['ʃtraf]
gratuito	**безкоштовно** [bɛzkoʃ'towno]
Dove posso comprare …?	**Де я можу купити …?** [dɛ ja 'mɔʒu ku'piti …?]
La banca è aperta adesso?	**Чи відкритий зараз банк?** [tʃi wid'kritij 'zaraz bank?]
Quando apre?	**О котрій він відкривається?** [o kot'rij win widkri'watsʲa?]
Quando chiude?	**До котрої години він працює?** [do ko'trɔi ɦo'dini win pra'tsʲuɛ?]
Quanto costa?	**Скільки?** ['skilʲki?]
Quanto costa questo?	**Скільки це коштує?** ['skilʲki tsɛ 'kɔʃtuɛ?]
È troppo caro.	**Це занадто дорого.** [tsɛ za'nadto 'dɔroɦo.]
Scusi, dov'è la cassa?	**Вибачте, де каса?** ['wibatʃtɛ, dɛ 'kasa?]
Il conto, per favore.	**Рахунок, будь ласка.** [ra'ɦunok, budʲ 'laska.]

Posso pagare con la carta di credito?
Чи можу я заплатити карткою?
[t͡ʃi 'mɔʒu ja zapla'titi 'kartkoʲu?]

C'è un bancomat?
Тут є банкомат?
[tut ɛ banko'mat?]

Sto cercando un bancomat.
Мені потрібен банкомат.
[mɛ'ni po'tribɛn banko'mat.]

Sto cercando un ufficio dei cambi.
Я шукаю обмін валют.
[ja ʃu'kaʲu 'ɔbmin wa'lʲut.]

Vorrei cambiare ...
Я б хотів /хотіла/ поміняти ...
[ja b ho'tiw /ho'tila/ pomi'nʲati ...]

Quanto è il tasso di cambio?
Який курс обміну?
[ja'kij kurs 'ɔbminu?]

Ha bisogno del mio passaporto?
Вам потрібен мій паспорт?
[wam po'tribɛn mij 'pasport?]

Le ore

Che ore sono?	**Котра година?** [ko'tra ɦo'dɪna?]
Quando?	**Коли?** [ko'lɪ?]
A che ora?	**О котрій?** [o kot'rij?]
adesso | più tardi | dopo ...	**зараз | пізніше | після ...** ['zaraz | piz'niʃɛ | 'pislʲa ...]

l'una	**перша година дня** ['pɛrʃa ɦo'dɪna dnʲa]
l'una e un quarto	**п'ятнадцять на другу** [pʲat'nadʦʲatʲ na 'druɦu]
l'una e trenta	**половина другої** [polo'wɪna 'druɦoi]
l'una e quarantacinque	**за п'ятнадцять друга** [za pʲat'naʦʲatʲ 'druɦa]

uno | due | tre	**один | два | три** [o'dɪn | dwa | trɪ]
quattro | cinque | sei	**чотири | п'ять | шість** [ʧo'tɪrɪ | 'pʲatʲ | ʃistʲ]
sette | otto | nove	**сім | вісім | дев'ять** [sim | 'wisim | 'dɛwʲatʲ]
dieci | undici | dodici	**десять | одинадцять | дванадцять** ['dɛsʲatʲ | odi'naʦʲatʲ | dwa'naʦʲatʲ]

fra ...	**через ...** ['ʧɛrɛz ...]
cinque minuti	**5 хвилин** ['pʲatʲ hwɪ'lɪn]
dieci minuti	**10 хвилин** ['dɛsʲatʲ hwɪ'lɪn]
quindici minuti	**15 хвилин** [pʲat'naʦʲatʲ hwɪ'lɪn]
venti minuti	**20 хвилин** ['dwaʦʲatʲ hwɪ'lɪn]
mezzora	**півгодини** [piwɦo'dɪnɪ]
un'ora	**одна година** [od'na ɦo'dɪna]

la mattina	вранці ['wrantsi]
la mattina presto	рано вранці ['rano 'wrantsi]
questa mattina	сьогодні вранці [sʲo'ɦɔdni 'wrantsi]
domani mattina	завтра вранці ['zawtra 'wrantsi]

all'ora di pranzo	в обід [w o'bid]
nel pomeriggio	після обіду ['pislʲa o'bidu]
la sera	ввечері ['wvɛtʃɛri]
stasera	сьогодні ввечері [sʲo'ɦɔdni 'wvɛtʃɛri]

la notte	вночі [wno'tʃi]
ieri	вчора ['wtʃɔra]
oggi	сьогодні [sʲo'ɦɔdni]
domani	завтра ['zawtra]
dopodomani	післязавтра [pislʲa'zawtra]

Che giorno è oggi?	Який сьогодні день? [ja'kij sʲo'ɦɔdni dɛnʲ?]
Oggi è …	Сьогодні … [sʲo'ɦɔdni …]
lunedì	понеділок [ponɛ'dilok]
martedì	вівторок [wiw'tɔrok]
mercoledì	середа [sɛrɛ'da]

giovedì	четвер [tʃɛt'wɛr]
venerdì	п'ятниця ['pʲʲatnitsʲa]
sabato	субота [su'bɔta]
domenica	неділя [nɛ'dilʲa]

Saluti - Presentazione

Salve.	**Добрий день.** ['dɔbrij dɛnʲ.]
Lieto di conoscerla.	**Радий /рада/ з вами познайомитися.** ['radij /'rada/ z 'wamɨ pozna'jɔmɨtɨsʲa.]
Il piacere è mio.	**Я теж.** [ja tɛʒ.]
Vi presento ...	**Знайомтеся. Це ...** [zna'jɔmtɛsʲa. tsɛ ...]
Molto piacere.	**Дуже приємно.** ['duʒɛ prɨ'ɛmno.]

Come sta?	**Як ви? Як у вас справи?** [jak wɨ? jak u was 'sprawɨ?]
Mi chiamo ...	**Мене звуть ...** [mɛ'nɛ zwutʲ ...]
Si chiama ... (m)	**Його звуть ...** ['jo'hɔ zwutʲ ...]
Si chiama ... (f)	**Її звуть ...** [iɨ 'zwutʲ ...]
Come si chiama?	**Як вас звуть?** [jak was 'zwutʲ?]
Come si chiama lui?	**Як його звуть?** [jak jo'hɔ zwutʲ?]
Come si chiama lei?	**Як її звуть?** [jak iɨ 'zwutʲ?]

Qual'è il suo cognome?	**Яке ваше прізвище?** [ja'kɛ 'waʃɛ 'prizwɨtsɛ?]
Può chiamarmi ...	**Називайте мене ...** [nazɨ'wajtɛ mɛ'nɛ ...]
Da dove viene?	**Звідки ви?** ['zwidkɨ wɨ?]
Vengo da ...	**Я з ...** [ja z ...]
Che lavoro fa?	**Ким ви працюєте?** [kɨm wɨ pra'tsʲuɛtɛ?]
Chi è?	**Хто це?** [hto tsɛ?]
Chi è lui?	**Хто він?** [hto win?]
Chi è lei?	**Хто вона?** [hto wo'na?]
Chi sono loro?	**Хто вони?** [hto wo'nɨ?]

Questo è ...	**Це ...** [ʦɛ ...]
il mio amico	**мій друг** [mij druɦ]
la mia amica	**моя подруга** [moʲa 'podruɦa]
mio marito	**мій чоловік** [mij ʧolo'wik]
mia moglie	**моя дружина** [moʲa dru'ʒina]

mio padre	**мій батько** [mij 'batʲko]
mia madre	**моя мама** [moʲa 'mama]
mio fratello	**мій брат** [mij brat]
mia sorella	**моя сестра** [moʲa sɛst'ra]
mio figlio	**мій син** [mij sin]
mia figlia	**моя дочка** [moʲa doʧ'ka]

Questo è nostro figlio.	**Це наш син.** [ʦɛ naʃ sin.]
Questa è nostra figlia.	**Це наша дочка.** [ʦɛ 'naʃa doʧ'ka.]
Questi sono i miei figli.	**Це мої діти.** [ʦɛ mo'i 'diti.]
Questi sono i nostri figli.	**Це наші діти.** [ʦɛ 'naʃi 'diti.]

Saluti di commiato

Arrivederci!
До побачення!
[do po'batʃɛnʲaǃ]

Ciao!
Бувай!
[bu'wajǃ]

A domani.
До завтра.
[do 'zawtra.]

A presto.
До зустрічі.
[do 'zustritʃi.]

Ci vediamo alle sette.
Зустрінемось о сьомій.
[zust'rinɛmosʲ o 'sʲɔmij.]

Divertitevi!
Розважайтеся!
[rozwa'ʒajtɛsʲaǃ]

Ci sentiamo più tardi.
Поговоримо пізніше.
[poɦo'wɔrɨmo piz'niʃɛ.]

Buon fine settimana.
Вдалих вихідних.
['wdalɨh wɨhid'nɨh.]

Buona notte
На добраніч.
[na do'branitʃ.]

Adesso devo andare.
Мені вже час.
[mɛ'ni wʒɛ tʃas.]

Devo andare.
Мушу йти.
['muʃu jtɨ.]

Torno subito.
Я зараз повернусь.
[ja 'zaraz powɛr'nusʲ.]

È tardi.
Вже пізно.
[wʒɛ 'pizno.]

Domani devo alzarmi presto.
Мені рано вставати.
[mɛ'ni 'rano wsta'watɨ.]

Parto domani.
Я завтра від'їжджаю.
[ja 'zawtra widʲiʒ'dʒaʲu.]

Partiamo domani.
Ми завтра від'їжджаємо.
[mɨ 'zawtra widʲiʒ'dʒaɛmo.]

Buon viaggio!
Щасливої поїздки!
[ɕasˈlɨwoi poˈizdkɨǃ]

È stato un piacere conoscerla.
Було приємно з вами познайомитися.
[buˈlɔ priˈɛmno z 'wamɨ pozna'jɔmɨtɨsʲa.]

È stato un piacere parlare con lei.

**Було приємно з вами
поспілкуватися.**
[bu'lɔ pri'ɛmnɔ z 'wami
pospilku'watisʲa.]

Grazie di tutto.

Дякую за все.
['dʲakuʲu za wsɛ.]

Mi sono divertito.

Я чудово провів /провела/ час.
[ja ʧu'dɔwɔ prɔ'wiw /prɔwɛ'la/ ʧas.]

Ci siamo divertiti.

Ми чудово провели час.
[mi ʧu'dɔwɔ prɔwɛ'li ʧas.]

È stato straordinario.

Все було чудово.
[wsɛ bu'lɔ ʧu'dɔwɔ.]

Mi mancherà.

Я буду сумувати.
[ja 'budu sumu'wati.]

Ci mancherà.

Ми будемо сумувати.
[mi 'budɛmɔ sumu'wati.]

Buona fortuna!

Успіхів! Щасливо!
['uspihiw! ɕas'liwo!]

Mi saluti …

Передавайте вітання …
[pɛrɛda'wajtɛ wi'tanʲa …]

Lingua straniera

Non capisco.	**Я не розумію.** [ja nɛ rozu'mi^ju.]
Può scriverlo, per favore.	**Напишіть це, будь ласка.** [napi'ʃit^j ʦɛ, bud^j 'laska.]
Parla ...?	**Ви знаєте ...?** [wi 'znaɛtɛ ...?]

Parlo un po' ...	**Я трохи знаю ...** [ja 'trɔhi zna^ju ...]
inglese	**англійська** [anɦ'lijs^jka]
turco	**турецька** [tu'rɛʦka]
arabo	**арабська** [a'rabs^jka]
francese	**французька** [fran'ʦuz^jka]

tedesco	**німецька** [ni'mɛʦka]
italiano	**італійська** [ita'lijs^jka]
spagnolo	**іспанська** [is'pans^jka]
portoghese	**португальська** [portu'ɦal^js^jka]
cinese	**китайська** [ki'tajs^jka]
giapponese	**японська** [ja'pɔns^jka]

Può ripetere, per favore.	**Повторіть, будь ласка.** [powto'rit^j, bud^j 'laska.]
Capisco.	**Я розумію.** [ja rozu'mi^ju.]
Non capisco.	**Я не розумію.** [ja nɛ rozu'mi^ju.]
Può parlare più piano, per favore.	**Говоріть повільніше, будь ласка.** [ɦowo'rit^j po'wil^jniʃɛ, 'bud^j 'laska.]

È corretto?	**Це правильно?** [ʦɛ 'prawil^jno?]
Cos'è questo? (Cosa significa?)	**Що це?** [ɕo 'ʦɛ?]

Chiedere scusa

Mi scusi, per favore.

Вибачте, будь ласка.
['wibatʃtɛ, budʲ 'laska.]

Mi dispiace.

Мені шкода.
[mɛ'ni 'ʃkɔda.]

Mi dispiace molto.

Мені дуже шкода.
[mɛ'ni 'duʒɛ 'ʃkɔda.]

Mi dispiace, è colpa mia.

Винен /Винна/, це моя вина.
['winɛn /'winа/ , ʦɛ mo'ʲa wi'na.]

È stato un mio errore.

Моя помилка.
[mo'ʲa po'miłka.]

Posso ...?

Чи можу я ...?
[ʧi 'mɔʒu ja ...?]

Le dispiace se ...?

Ви не заперечуватимете, якщо я ...?
[wi nɛ zapɛ'rɛʧuwatimɛtɛ, jak'ɕɔ ja ...?]

Non fa niente.

Нічого страшного.
[ni'ʧɔɦo straʃ'nɔɦo.]

Tutto bene.

Все гаразд.
[wsɛ ɦa'razd.]

Non si preoccupi.

Не турбуйтесь.
[nɛ tur'bujtɛsʲ.]

Essere d'accordo

Sì.	**Так.** [tak.]
Sì, certo.	**Так, звичайно.** [tak, zwi'ʧajno.]
Bene.	**Добре!** ['dɔbrɛ!]
Molto bene.	**Дуже добре.** ['duʒɛ 'dɔbrɛ.]
Certamente!	**Звичайно!** [zwi'ʧajno!]
Sono d'accordo.	**Я згідний /згідна/.** [ja 'zɦidnɪj /'zɦidna/.]

Esatto.	**Вірно.** ['wirno.]
Giusto.	**Правильно.** ['prawɪlʲno.]
Ha ragione.	**Ви праві.** [wɪ pra'wi.]
È lo stesso.	**Я не заперечую.** [ja nɛ zapɛ'rɛʧuʲu.]
È assolutamente corretto.	**Абсолютно вірно.** [abso'lʲutno 'wirno.]

È possibile.	**Це можливо.** [ʦɛ moʒ'lɪwo.]
È una buona idea.	**Це гарна думка.** [ʦɛ 'ɦarna 'dumka.]
Non posso dire di no.	**Не можу відмовити.** [nɛ 'mɔʒu wid'mɔwɪtɪ.]
Ne sarei lieto /lieta/.	**Буду радий /рада/.** ['budu 'radɪj /'rada/.]
Con piacere.	**Із задоволенням.** [iz zado'wɔlɛnjam.]

Diniego. Esprimere incertezza

No.

Ні.
[ni.]

Sicuramente no.

Звичайно, ні.
[zwi'tʃajno, ni.]

Non sono d'accordo.

Я не згідний /згідна/.
[ja nɛ 'zɦidnij /'zɦidna/.]

Non penso.

Я так не думаю.
[ja tak nɛ 'dumaʲu.]

Non è vero.

Це неправда.
[tsɛ nɛ'prawda.]

Si sbaglia.

Ви неправі.
[wi nɛpra'wi.]

Penso che lei si stia sbagliando.

Я думаю, що ви неправі.
[ja 'dumaʲu, ço wi nɛpra'wi.]

Non sono sicuro.

Не впевнений /впевнена/.
[nɛ 'wpɛwnɛnij /'wpɛwnɛna/.]

È impossibile.

Це неможливо.
[tsɛ nɛmoʒ'liwo.]

Assolutamente no!

Нічого подібного!
[ni'tʃoɦo po'dibnoɦo!]

Esattamente il contrario!

Навпаки!
[nawpa'ki!]

Sono contro.

Я проти.
[ja 'prɔti.]

Non m'interessa.

Мені все одно.
[mɛ'ni wsɛ od'nɔ.]

Non ne ho idea.

Гадки не маю.
['ɦadki nɛ 'maʲu.]

Dubito che sia così.

Сумніваюся, що це так.
[sumni'waʲusʲa, ço tsɛ tak.]

Mi dispiace, non posso.

Вибачте, я не можу.
['wibatʃtɛ, ja nɛ 'mɔʒu.]

Mi dispiace, non voglio.

Вибачте, я не хочу.
['wibatʃtɛ, ja nɛ 'hɔtʃu.]

Non ne ho bisogno, grazie.

Дякую, мені це не потрібно.
['dʲakuʲu, mɛ'ni tsɛ nɛ pot'ribno.]

È già tardi.

Вже пізно.
[wʒɛ 'pizno.]

Devo alzarmi presto.

Мені рано вставати.
[mɛ'ni 'rano wsta'watɨ.]

Non mi sento bene.

Я погано себе почуваю.
[ja po'ɦano sɛ'bɛ potʃu'waʲu.]

Esprimere gratitude

Grazie.
Дякую.
['dʲakuʲu.]

Grazie mille.
Дуже дякую.
['duʒɛ 'dʲakuʲu.]

Le sono riconoscente.
Дуже вдячний /вдячна/.
['duʒɛ 'wdʲaʧnij /'wdʲaʧna/.]

Le sono davvero grato.
Я вам вдячний /вдячна/.
[ja wam 'wdʲaʧnij /'wdʲaʧna/.]

Le siamo davvero grati.
Ми Вам вдячні.
[mɨ wam 'wdʲaʧni.]

Grazie per la sua disponibilità.
Дякую, що витратили час.
['dʲakuʲu, ɕo 'witratili ʧas.]

Grazie di tutto.
Дякую за все.
['dʲakuʲu za wsɛ.]

Grazie per ...
Дякую за ...
['dʲakuʲu za ...]

il suo aiuto
вашу допомогу
['waʃu dopo'moɦu]

il bellissimo tempo
гарний час
['ɦarnij ʧas]

il delizioso pranzo
чудову їжу
[ʧu'dɔwu 'iʒu]

la bella serata
приємний вечір
[pri'ɛmnij 'wɛʧir]

la bella giornata
чудовий день
[ʧu'dɔwij dɛnʲ]

la splendida gita
цікаву екскурсію
[ʦi'kawu ɛks'kursiʲu]

Non c'è di che.
Нема за що.
[nɛ'ma za ɕo.]

Prego.
Не варто дякувати.
[nɛ 'warto 'dʲakuwati.]

Con piacere.
Завжди будь ласка.
[za'wʒdɨ budʲ 'laska.]

È stato un piacere.
Був радий /Була рада/ допомогти.
[buw 'radij /bu'la 'rada/ dopomoɦ'ti.]

Non ci pensi neanche.
Забудьте. Все гаразд.
[za'budʲtɛ wsɛ ɦa'razd.]

Non si preoccupi.
Не турбуйтесь.
[nɛ tur'bujtɛsʲ.]

Congratulazioni. Auguri

Congratulazioni!	**Вітаю!** [wiˈtaʲu!]
Buon compleanno!	**З Днем народження!** [z dnɛm naˈrɔdʒɛnʲa!]
Buon Natale!	**Веселого Різдва!** [wɛˈsɛloɦo rizdˈwa!]
Felice Anno Nuovo!	**З Новим роком!** [z noˈwim ˈrɔkom!]

Buona Pasqua!	**Зі Світлим Великоднем!** [zi ˈswitlim wɛˈlikodnɛm!]
Felice Hanukkah!	**Щасливої Хануки!** [ɕasˈliwoi haˈnuki!]

Vorrei fare un brindisi.	**У мене є тост.** [u ˈmɛnɛ ɛ tost.]
Salute!	**За ваше здоров'я!** [za ˈwaʃɛ zdoˈrɔwʲˈa]
Beviamo a …!	**Вип'ємо за …!** [ˈwipʲɛmo za …!]
Al nostro successo!	**За наш успіх!** [za naʃ ˈuspih!]
Al suo successo!	**За ваш успіх!** [za waʃ ˈuspih!]

Buona fortuna!	**Успіхів!** [ˈuspihiw!]
Buona giornata!	**Гарного вам дня!** [ˈɦarnoɦo wam dnʲa!]
Buone vacanze!	**Гарного вам відпочинку!** [ˈɦarnoɦo wam widpoˈʧinku!]
Buon viaggio!	**Вдалої поїздки!** [ˈwdaloi poˈizdki!]
Spero guarisca presto!	**Бажаю вам швидкого одужання!** [baˈʒaʲu wam ʃwidˈkɔɦo oˈduʒanʲa!]

Socializzare

Perchè è triste?	**Чому ви засмучені?** [tʃo'mu wɨ zas'mutʃɛni?]
Sorrida!	**Посміхніться!** [posmih'nitʲsʲa!]
È libero stasera?	**Ви не зайняті сьогодні ввечері?** [wɨ nɛ 'zajnʲati sʲo'ɦɔdni 'wwɛtʃɛri?]
Posso offrirle qualcosa da bere?	**Чи можу я запропонувати вам випити?** [tʃɨ 'mɔʒu ja zaproponu'watɨ wam 'wɨpɨtɨ?]
Vuole ballare?	**Чи не хочете потанцювати?** [tʃɨ nɛ 'hɔtʃɛtɛ potanʲsʲu'watɨ?]
Andiamo al cinema.	**Може сходимо в кіно?** ['mɔʒɛ 'shɔdɨmo w ki'nɔ?]
Posso invitarla …?	**Чи можна запросити вас в …?** [tʃɨ 'mɔʒna zapro'sɨtɨ was w …?]
al ristorante	**ресторан** [rɛsto'ran]
al cinema	**кіно** [ki'nɔ]
a teatro	**театр** [tɛ'atr]
a fare una passeggiata	**на прогулянку** [na pro'ɦulʲanku]
A che ora?	**О котрій?** [o kot'rij?]
stasera	**сьогодні ввечері** [sʲo'ɦɔdni 'wwɛtʃɛri]
alle sei	**о 6 годині** [o 'ʃɔstij ɦo'dɨni]
alle sette	**о 7 годині** [o 'sjɔmij ɦo'dɨni]
alle otto	**о 8 годині** [o 'wɔsʲmij ɦo'dɨni]
alle nove	**о 9 годині** [o dɛ'wʲatij ɦo'dɨni]
Le piace qui?	**Вам тут подобається?** [wam tut po'dɔbaɛtʲsʲa?]
È qui con qualcuno?	**Ви тут з кимось?** [wɨ tut z 'kɨmosʲ?]

Sono con un amico /una amica/.	**Я з другом /подругою/.** [ja z 'druɦom /'pɔdruɦoʲu/.]
Sono con i miei amici.	**Я з друзями.** [ja z 'druzʲamɨ.]
No, sono da solo /sola/.	**Я один /одна/.** [ja o'dɨn /od'na/.]

Hai il ragazzo?	**У тебе є приятель?** [u 'tɛbɛ ɛ 'prɨjatɛlʲ?]
Ho il ragazzo.	**У мене є друг.** [u 'mɛnɛ ɛ druɦ.]
Hai la ragazza?	**У тебе є подружка?** [u 'tɛbɛ ɛ 'pɔdruʒka?]
Ho la ragazza.	**У мене є дівчина.** [u 'mɛnɛ ɛ 'diwʧina.]

Posso rivederti?	**Ми ще зустрінемося?** [mɨ ɕɛ zu'strinɛmosʲa?]
Posso chiamarti?	**Чи можна тобі подзвонити?** [ʧɨ 'mɔʒna to'bi zatɛlɛfonu'watɨ?]
Chiamami.	**Подзвони мені.** [podʒwo'nɨ mɛ'ni.]
Qual'è il tuo numero?	**Який у тебе номер?** [ja'kɨj u 'tɛbɛ 'nɔmɛr?]
Mi manchi.	**Я сумую за тобою.** [ja su'mujʲu za to'bɔʲu.]

Ha un bel nome.	**У вас дуже гарне ім'я.** [u was 'duʒɛ 'ɦarnɛ i'mʲʲa.]
Ti amo.	**Я тебе кохаю.** [ja tɛbɛ ko'haʲu.]
Mi vuoi sposare?	**Виходь за мене.** [wɨ'hɔdʲ za 'mɛnɛ.]
Sta scherzando!	**Ви жартуєте!** [wɨ ʒar'tuɛtɛ!]
Sto scherzando.	**Я просто жартую.** [ja 'prɔsto ʒar'tuʲu.]

Lo dice sul serio?	**Ви серйозно?** [wɨ sɛr'jozno?]
Sono serio.	**Я серйозно.** [ja sɛr'jozno.]
Davvero?!	**Справді?!** ['sprawdi?!]
È incredibile!	**Це неймовірно!** [ʦɛ nɛjmo'wirno]
Non le credo.	**Я вам не вірю.** [ja wam nɛ 'wirʲu.]
Non posso.	**Я не можу.** [ja nɛ 'mɔʒu.]
No so.	**Я не знаю.** [ja nɛ 'znaʲu.]

Non la capisco.

Я вас не розумію.
[ja was nɛ rozu'miʲu.]

Per favore, vada via.

Ідіть, будь ласка.
[i'ditʲ, budʲ 'laska.]

Mi lasci in pace!

Залиште мене в спокої!
[za'liʃtɛ mɛ'nɛ w 'spɔkoi!]

Non lo sopporto.

Я його терпіти не можу.
[ja ʲo'ɦɔ tɛr'piti nɛ 'mɔʒu.]

Lei è disgustoso!

Ви огидні!
[wɨ o'ɦidni!]

Chiamo la polizia!

Я викличу поліцію!
[ja 'wiklitʃu po'litsiʲu!]

Comunicare impressioni ed emozioni

Mi piace.	**Мені це подобається.** [mɛ'ni ʦɛ po'dobaɛtʲsʲa.]
Molto carino.	**Дуже мило.** ['duʒɛ 'miɫo.]
È formidabile!	**Це чудово!** [ʦɛ ʧu'dɔwo!]
Non è male.	**Це непогано.** [ʦɛ nɛpo'ɦano.]
Non mi piace.	**Мені це не подобається.** [mɛ'ni ʦɛ nɛ po'dobaɛtʲsʲa.]
Non è buono.	**Це недобре.** [ʦɛ nɛ'dɔbrɛ.]
È cattivo.	**Це погано.** [ʦɛ po'ɦano.]
È molto cattivo.	**Це дуже погано.** [ʦɛ 'duʒɛ po'ɦano.]
È disgustoso.	**Це огидно.** [ʦɛ o'ɦidno.]
Sono felice.	**Я щасливий /щаслива/.** [ja ɕas'łiwɨj /ɕas'łiwa/.]
Sono contento /contenta/.	**Я задоволений /задоволена/.** [ja zado'wɔlɛnɨj /zado'wɔlɛna/.]
Sono innamorato /innamorata/.	**Я закоханий /закохана/.** [ja za'kɔhanɨj /za'kɔhana/.]
Sono calmo.	**Я спокійний /спокійна/.** [ja spo'kijnɨj /spo'kijna/.]
Sono annoiato.	**Мені нудно.** [mɛ'ni 'nudno.]
Sono stanco /stanca/.	**Я втомився /втомилася/.** [ja wto'mɨwsʲa /wto'mɨłasʲa/.]
Sono triste.	**Мені сумно.** [mɛ'ni 'sumno.]
Sono spaventato.	**Я наляканий /налякана/.** [ja na'lʲakanɨj /na'lʲakana/.]
Sono arrabbiato /arrabbiata/.	**Я злюся.** [ja 'zlʲusʲa.]
Sono preoccupato /preoccupata/.	**Я хвилююся.** [ja hwɨ'lʲuʲusʲa.]
Sono nervoso /nervosa/.	**Я нервую.** [ja nɛr'wuʲu.]

Sono geloso /gelosa/.	**Я заздрю.** [ja 'zazdrʲu.]
Sono sorpreso /sorpresa/.	**Я здивований /здивована/.** [ja zdɪ'wɔwanɪj /zdɪ'wɔwana/.]
Sono perplesso.	**Я спантеличений /спантеличена/.** [ja spantɛ'litʃɛnɪj /spantɛ'litʃɛna/.]

Problemi. Incidenti

Ho un problema. | В мене проблема.
[w 'mɛnɛ prob'lɛma.]

Abbiamo un problema. | У нас проблема.
[u nas prob'lɛma.]

Sono perso /persa/. | Я заблукав /заблукала/.
[ja zablu'kaw /zablu'kala/.]

Ho perso l'ultimo autobus (treno). | Я запізнився на останній автобус (поїзд).
[ja zapiz'nɨwsʲa na os'tanij aw'tobus ('pojizd).]

Non ho più soldi. | У мене зовсім не залишилося грошей.
[u 'mɛnɛ 'zɔwsim nɛ za'liʃilosʲa 'ɦrɔʃɛj.]

Ho perso ... | Я загубив /загубила/ ...
[ja zaɦu'bɨw /zaɦu'bila/ ...]

Mi hanno rubato ... | В мене вкрали ...
[w 'mɛnɛ 'wkrali ...]

il passaporto | паспорт
['pasport]

il portafoglio | гаманець
[ɦama'nɛts]

i documenti | документи
[doku'mɛnti]

il biglietto | квиток
[kwi'tɔk]

i soldi | гроші
['ɦrɔʃi]

la borsa | сумку
['sumku]

la macchina fotografica | фотоапарат
[fotoapa'rat]

il computer portatile | ноутбук
[nout'buk]

il tablet | планшет
[plan'ʃɛt]

il telefono cellulare | телефон
[tɛlɛ'fon]

Aiuto! | Допоможіть!
[dopomo'ʒitʲ]

Che cosa è successo? | Що трапилося?
[ɕo 'trapilosʲa?]

fuoco	**пожежа** [po'ʒɛʒa]
sparatoria	**стрілянина** [striⁱlʲa'nɪna]
omicidio	**вбивство** ['wbɨwstwo]
esplosione	**вибух** ['wɨbuh]
rissa	**бійка** ['bijka]

Chiamate la polizia!	**Викличте поліцію!** ['wɨklɨtʃtɛ po'lʲitsʲiʲu!]
Per favore, faccia presto!	**Будь ласка, швидше!** [budʲ 'laska, 'ʃwɨdʃɛ!]
Sto cercando la stazione di polizia.	**Я шукаю поліцейську дільницю.** [ja ʃu'kaʲu poliʲtsɛjsʲku dilʲ'nʲitsʲu.]
Devo fare una telefonata.	**Мені треба зателефонувати.** [mɛ'ni 'trɛba zatɛlɛfonu'watɨ.]
Posso usare il suo telefono?	**Чи можна мені зателефонувати?** [tʃɨ 'mɔʒna mɛ'ni zatɛlɛfonu'watɨ?]

Sono stato /stata/ ...	**Мене ...** [mɛ'nɛ ...]
aggredito /aggredita/	**пограбували** [poɦrabu'walɨ]
derubato /derubata/	**обікрали** [obi'kralɨ]
violentata	**зґвалтували** [zgwaltu'walɨ]
assalito /assalita/	**побили** [po'bɨlɨ]

Lei sta bene?	**З вами все гаразд?** [z 'wamɨ wsɛ ɦa'razd?]
Ha visto chi è stato?	**Ви бачили, хто це був?** [wɨ 'batʃɨlɨ, hto tsɛ buw?]
È in grado di riconoscere la persona?	**Ви зможете його впізнати?** [wɨ 'zmɔʒɛtɛ ʲo'ɦɔ wpiz'natɨ?]
È sicuro?	**Ви точно впевнені?** [wɨ 'tɔtʃno 'wpɛwnɛni?]

Per favore, si calmi.	**Будь ласка, заспокойтеся.** [budʲ 'laska, zaspo'kɔjtɛsʲa.]
Si calmi!	**Спокійніше!** [spokij'niʃɛ!]
Non si preoccupi.	**Не турбуйтесь.** [nɛ tur'bujtɛsʲ.]
Andrà tutto bene.	**Все буде добре.** [wsɛ 'budɛ 'dɔbrɛ.]
Va tutto bene.	**Все гаразд.** [wsɛ ɦa'razd.]

Venga qui, per favore.

Підійдіть, будь ласка.
[pidij'ditʲ, budʲ 'laska.]

Devo porle qualche domanda.

У мене до вас кілька запитань.
[u 'mɛnɛ do was 'kilʲka zapɨ'tanʲ.]

Aspetti un momento, per favore.

Зачекайте, будь ласка.
[zatʃɛ'kajtɛ, budʲ 'laska.]

Ha un documento d'identità?

У вас є документи?
[u was 'ɛ doku'mɛntɨ?]

Grazie. Può andare ora.

Дякую. Ви можете йти.
['dʲakuʲu. wɨ 'mɔʒɛtɛ jtɨ.]

Mani dietro la testa!

Руки за голову!
['rukɨ za 'ɦɔlowu!]

È in arresto!

Ви заарештовані!
[wɨ zaarɛʃ'towani!]

Problemi di salute

Mi può aiutare, per favore.
Допоможіть, будь ласка.
[dopomo'ʒitʲ, budʲ 'laska.]

Non mi sento bene.
Мені погано.
[mɛ'ni po'ɦano.]

Mio marito non si sente bene.
Моєму чоловікові погано.
[mo'ɛmu ʧolo'wikowi po'ɦano.]

Mio figlio …
Моєму сину …
[mo'ɛmu 'sinu …]

Mio padre …
Моєму батькові …
[mo'ɛmu 'batʲkowi …]

Mia moglie non si sente bene.
Моїй дружині погано.
[mo'ij dru'ʒini po'ɦano.]

Mia figlia …
Моїй дочці …
[mo'ij doʧʲtsi …]

Mia madre …
Моїй матері …
[mo'ij 'matɛri …]

Ho mal di …
У мене болить …
[u 'mɛnɛ bo'litʲ …]

testa
голова
[ɦolo'wa]

gola
горло
['ɦɔrlo]

pancia
живіт
[ʒi'wit]

denti
зуб
[zub]

Mi gira la testa.
У мене паморочиться голова.
[u 'mɛnɛ 'pamoroʧitʲsʲa ɦolo'wa.]

Ha la febbre. (m)
У нього температура.
[u 'njoɦo tɛmpɛra'tura.]

Ha la febbre. (f)
У неї температура.
[u nɛi tɛmpɛra'tura.]

Non riesco a respirare.
Я не можу дихати.
[ja nɛ 'mɔʒu 'dihati.]

Mi manca il respiro.
Я задихаюсь.
[ja zadi'haʲusʲ.]

Sono asmatico.
Я астматик.
[ja ast'matik.]

Sono diabetico /diabetica/.
Я діабетик.
[ja dia'bɛtik.]

Soffro d'insonnia.	В мене безсоння.
	[w 'mɛnɛ bɛz'sɔnʲa.]
intossicazione alimentare	харчове отруєння
	[harʧo'wɛ ot'ruɛnʲa]

Fa male qui.	Болить ось тут.
	[bo'litʲ osʲ tut.]
Mi aiuti!	Допоможіть!
	[dopomo'ʒitʲ!]
Sono qui!	Я тут!
	[ja tut!]
Siamo qui!	Ми тут!
	[mɨ tut!]
Mi tiri fuori di qui!	Витягніть мене!
	['witʲaɦnitʲ mɛ'nɛ!]
Ho bisogno di un dottore.	Мені потрібен лікар.
	[mɛ'ni po'tribɛn 'likar.]
Non riesco a muovermi.	Я не можу рухатися.
	[ja nɛ 'mɔʒu 'ruhatisʲa.]
Non riesco a muovere le gambe.	Я не відчуваю ніг.
	[ja nɛ widʧu'waʲu niɦ.]

Ho una ferita.	Я поранений /поранена/.
	[ja po'ranɛnij /po'ranɛna/.]
È grave?	Це серйозно?
	[ʦɛ sɛr'jɔzno?]
I miei documenti sono in tasca.	Мої документи в кишені.
	[mo'i doku'mɛntɨ w ki'ʃɛni.]
Si calmi!	Заспокойтеся!
	[zaspo'kɔjtɛsʲa!]
Posso usare il suo telefono?	Чи можна мені зателефонувати?
	[ʧɨ 'mɔʒna mɛ'ni zatɛlɛfonu'wati?]

Chiamate l'ambulanza!	Викличте швидку!
	['wɨkliʧtɛ ʃwɨd'ku!]
È urgente!	Це терміново!
	[ʦɛ tɛrmi'nɔwo!]
È un'emergenza!	Це дуже терміново!
	[ʦɛ 'duʒɛ tɛrmi'nɔwo!]
Per favore, faccia presto!	Будь ласка, швидше!
	[budʲ 'laska, 'ʃwidʃɛ!]
Per favore, chiamate un medico.	Викличте лікаря, будь ласка.
	['wɨkliʧtɛ 'likarʲa, budʲ 'laska.]
Dov'è l'ospedale?	Скажіть, де лікарня?
	[ska'ʒitʲ, dɛ li'karnʲa?]

Come si sente?	Як ви себе почуваєте?
	[jak wɨ sɛ'bɛ poʧu'waɛtɛ?]
Sta bene?	З вами все гаразд?
	[z 'wamɨ wsɛ ɦa'razd?]
Che cosa è successo?	Що трапилося?
	[ɕo 'trapɨlosʲa?]

Mi sento meglio ora.

Мені вже краще.
[mɛ'ni wʒɛ 'kraɕɛ.]

Va bene.

Все гаразд.
[wsɛ ɦa'razd.]

Va tutto bene.

Все добре.
[wsɛ 'dɔbrɛ.]

In farmacia

farmacia	**аптека** [ap'tɛka]
farmacia di turno	**цілодобова аптека** [tsilodo'bowa ap'tɛka]
Dov'è la farmacia più vicina?	**Де найближча аптека?** [dɛ najb'liʒtʃa ap'tɛka?]
È aperta a quest'ora?	**Вона зараз відкрита?** [wo'na 'zaraz wid'krita?]
A che ora apre?	**О котрій вона відкривається?** [o kot'rij wo'na widkri'waɛtʲsʲa?]
A che ora chiude?	**До котрої години вона працює?** [do ko'trɔi ɦo'dini wo'na pra'tsʲuɛ?]
È lontana?	**Це далеко?** [tsɛ da'lɛko?]
Posso andarci a piedi?	**Я дійду туди пішки?** [ja dij'du tu'di 'piʃki?]
Può mostrarmi sulla piantina?	**Покажіть мені на карті, будь ласка.** [poka'ʒitʲ mɛ'ni na 'karti, budʲ 'laska.]
Per favore, può darmi qualcosa per ...	**Дайте мені, що-небудь від ...** ['dajtɛ mɛ'ni, ɕo-'nɛbudʲ wid ...]
il mal di testa	**головного болю** [ɦolow'nɔɦo 'bɔlʲu]
la tosse	**кашлю** ['kaʃlʲu]
il raffreddore	**застуди** [za'studi]
l'influenza	**грипу** ['ɦripu]
la febbre	**температури** [tɛmpɛra'turi]
il mal di stomaco	**болю в шлунку** ['bɔlʲu w 'ʃlunku]
la nausea	**нудоти** [nu'dɔti]
la diarrea	**діареї** [dia'rɛi]
la costipazione	**запору** [za'pɔru]
mal di schiena	**біль у спині** ['bilʲ u spi'ni]

dolore al petto	**біль у грудях** ['bilʲ u 'ɦrudʲah]
fitte al fianco	**біль у боці** ['bilʲ u 'bot͡si]
dolori addominali	**біль в животі** ['bilʲ w ʒɨwo'ti]

pastiglia	**таблетка** [tab'lɛtka]
pomata	**мазь, крем** [mazʲ, krɛm]
sciroppo	**сироп** [sɨ'rɔp]
spray	**спрей** ['sprɛj]
gocce	**краплі** ['krapli]

Deve andare in ospedale.	**Вам потрібно в лікарню.** [wam po'tribno w li'karnʲu.]
assicurazione sanitaria	**страховка** [stra'hɔwka]
prescrizione	**рецепт** [rɛ't͡sɛpt]
insettifugo	**засіб від комах** ['zasib wid ko'mah]
cerotto	**лейкопластир** [lɛjko'plastɨr]

Il minimo indispensabile

Mi scusi, …	**Вибачте, …** ['wɨbatʃtɛ, …]
Buongiorno.	**Добрий день.** ['dɔbrij dɛnʲ.]
Grazie.	**Дякую.** ['dʲakuʲu.]
Arrivederci.	**До побачення.** [do po'batʃɛnʲa.]
Sì.	**Так.** [tak.]
No.	**Ні.** [ni.]
Non lo so.	**Я не знаю.** [ja nɛ 'znaʲu.]
Dove? | Dove? (~ stai andando?) | Quando?	**Де? | Куди? | Коли?** [dɛ? | ku'dɨ? | ko'lʲi?]
Ho bisogno di …	**Мені потрібен …** [mɛ'ni po'tribɛn …]
Voglio …	**Я хочу …** [ja 'hɔtʃu …]
Avete …?	**У вас є …?** [u was 'ɛ …?]
C'è un /una/ … qui?	**Тут є …?** [tut ɛ …?]
Posso …?	**Чи можна мені …?** [tʃɨ 'mɔʒna mɛ'ni …?]
per favore	**Будь ласка** [budʲ 'laska]
Sto cercando …	**Я шукаю …** [ja ʃu'kaʲu …]
il bagno	**туалет** [tua'lɛt]
un bancomat	**банкомат** [banko'mat]
una farmacia	**аптеку** [ap'tɛku]
un ospedale	**лікарню** [li'karnʲu]
la stazione di polizia	**поліцейську дільницю** [poli'tsɛjsʲku dilʲ'nitsʲu]
la metro	**метро** [mɛt'rɔ]

un taxi	таксі [tak'si]
la stazione (ferroviaria)	вокзал [wok'zal]
Mi chiamo ...	Мене звуть ... [mɛ'nɛ zwutʲ ...]
Come si chiama?	Як вас звуть? [jak was 'zwutʲ?]
Mi può aiutare, per favore?	Допоможіть мені, будь ласка. [dopomo'ʒitʲ mɛ'ni, budʲ 'laska.]
Ho un problema.	У мене проблема. [u 'mɛnɛ prob'lɛma.]
Mi sento male.	Мені погано. [mɛ'ni po'ɦano.]
Chiamate l'ambulanza!	Викличте швидку! ['wiklitʃtɛ ʃwid'ku!]
Posso fare una telefonata?	Чи можна мені зателефонувати? [tʃi 'moʒna mɛ'ni zatɛlɛfonu'wati?]
Mi dispiace.	Прошу вибачення ['proʃu 'wibatʃɛnʲa]
Prego.	Прошу ['proʃu]
io	я [ja]
tu	ти [ti]
lui	він [win]
lei	вона [wo'na]
loro (m)	вони [wo'ni]
loro (f)	вони [wo'ni]
noi	ми [mi]
voi	ви [wi]
Lei	Ви [wi]
ENTRATA	ВХІД [whid]
USCITA	ВИХІД ['wihid]
FUORI SERVIZIO	НЕ ПРАЦЮЄ [nɛ pra'tsʲuɛ]
CHIUSO	ЗАКРИТО [za'krito]

APERTO   **ВІДКРИТО**
[wid'krito]

DONNE   **ДЛЯ ЖІНОК**
[dlʲa ʒi'nɔk]

UOMINI   **ДЛЯ ЧОЛОВІКІВ**
[dlʲa tʃolowi'kiw]

DIZIONARIO RIDOTTO

Questa sezione contiene
più di 1.500 termini utili.
Il dizionario include molti
termini gastronomici che
risulteranno utili per ordinare
pietanze al ristorante o per
fare acquisti di genere
alimentare

T&P Books Publishing

INDICE DEL DIZIONARIO

1. Orario. Calendario	76
2. Numeri. Numerali	77
3. L'uomo. Membri della famiglia	78
4. Corpo umano. Anatomia	79
5. Medicinali. Malattie. Farmaci	81
6. Sentimenti. Emozioni. Conversazione	82
7. Abbigliamento. Accessori personali	83
8. Città. Servizi cittadini	84
9. Denaro. Mezzi finanziari	85
10. Trasporto	87
11. Cibo. Parte 1	88
12. Cibo. Parte 2	89
13. Casa. Appartamento. Parte 1	90
14. Casa. Appartamento. Parte 2	92
15. Attività lavorative. Condizione sociale	93
16. Sport	94

T&P Books Publishing

17. Lingue straniere. Ortografia	95
18. La Terra. Geografia	97
19. Paesi. Parte 1	98
20. Paesi. Parte 2	99
21. Tempo. Disastri naturali	100
22. Animali. Parte 1	102
23. Animali. Parte 1	103
24. Alberi. Piante	104
25. Varie parole utili	105
26. Modificatori. Aggettivi. Parte 1	106
27. Modificatori. Aggettivi. Parte 2	108
28. Verbi. Parte 1	109
29. Verbi. Parte 2	110
30. Verbi. Parte 3	111

1. Orario. Calendario

tempo (m)	час (c)	[ʧas]
ora (f)	година (ж)	[hoˈdina]
mezzora (f)	півгодини (мн)	[piwhoˈdini]
minuto (m)	хвилина (ж)	[hwiˈlina]
secondo (m)	секунда (ж)	[sɛˈkunda]
oggi (avv)	сьогодні	[sʲoˈhodni]
domani	завтра	[ˈzawtra]
ieri (avv)	вчора	[ˈwʧora]
lunedì (m)	понеділок (ч)	[ponɛˈdilok]
martedì (m)	вівторок (ч)	[wiwˈtɔrok]
mercoledì (m)	середа (ж)	[sɛrɛˈda]
giovedì (m)	четвер (ч)	[ʧɛtˈwɛr]
venerdì (m)	п'ятниця (ж)	[ˈpʲʲatnitsʲa]
sabato (m)	субота (ж)	[suˈbota]
domenica (f)	неділя (ж)	[nɛˈdilʲa]
giorno (m)	день (ч)	[dɛnʲ]
giorno (m) lavorativo	робочий день (ч)	[roˈbɔʧij dɛnʲ]
giorno (m) festivo	святковий день (ч)	[swʲatˈkɔwij dɛnʲ]
fine (m) settimana	вихідні (мн)	[wihidˈni]
settimana (f)	тиждень (ч)	[ˈtiʒdɛnʲ]
la settimana scorsa	на минулому тижні	[na mʲˈnulomu ˈtiʒni]
la settimana prossima	на наступному тижні	[na naˈstupnomu ˈtiʒni]
levata (f) del sole	схід (ч) сонця	[shid ˈsɔntsʲa]
tramonto (m)	захід (ч)	[ˈzahid]
di mattina	вранці	[ˈwrantsi]
nel pomeriggio	після обіду	[ˈpislʲa oˈbidu]
di sera	увечері	[uˈwɛʧɛri]
stasera	сьогодні увечері	[sʲoˈhodni uˈwɛʧɛri]
di notte	уночі	[unoˈʧi]
mezzanotte (f)	північ (ж)	[ˈpiwniʧ]
gennaio (m)	січень (ч)	[ˈsiʧɛnʲ]
febbraio (m)	лютий (ч)	[ˈlʲutij]
marzo (m)	березень (ч)	[ˈbɛrɛzɛnʲ]
aprile (m)	квітень (ч)	[ˈkwitɛnʲ]
maggio (m)	травень (ч)	[ˈtrawɛnʲ]
giugno (m)	червень (ч)	[ˈʧɛrwɛnʲ]
luglio (m)	липень (ч)	[ˈlipɛnʲ]
agosto (m)	серпень (ч)	[ˈsɛrpɛnʲ]

settembre (m)	вересень (ч)	['wɛrɛsɛnʲ]
ottobre (m)	жовтень (ч)	['ʒɔwtɛnʲ]
novembre (m)	листопад (ч)	[lɨsto'pad]
dicembre (m)	грудень (ч)	['ɦrudɛnʲ]
in primavera	навесні	[nawɛs'ni]
in estate	влітку	['wlitku]
in autunno	восени	[wosɛ'nɨ]
in inverno	взимку	['wzɨmku]
mese (m)	місяць (ч)	['misʲats]
stagione (f) (estate, ecc.)	сезон (ч)	[sɛ'zɔn]
anno (m)	рік (ч)	[rik]
secolo (m)	вік (ч)	[wik]

2. Numeri. Numerali

cifra (f)	цифра (ж)	['tsɨfra]
numero (m)	число (c)	[tʃɨs'lɔ]
meno (m)	мінус (ч)	['minus]
più (m)	плюс (ч)	[plʲus]
somma (f)	сума (ж)	['suma]
primo	перший	['pɛrʃɨj]
secondo	другий	['druɦɨj]
terzo	третій	['trɛtij]
zero (m)	нуль	[nulʲ]
uno	один	[o'dɨn]
due	два	[dwa]
tre	три	[tri]
quattro	чотири	[tʃo'tɨri]
cinque	п'ять	[pʲˀatʲ]
sei	шість	[ʃistʲ]
sette	сім	[sim]
otto	вісім	['wisim]
nove	дев'ять	['dɛwʲˀatʲ]
dieci	десять	['dɛsʲatʲ]
undici	одинадцять	[odi'nadtsʲatʲ]
dodici	дванадцять	[dwa'nadtsʲatʲ]
tredici	тринадцять	[tri'nadtsʲatʲ]
quattordici	чотирнадцять	[tʃotɨr'nadtsʲatʲ]
quindici	п'ятнадцять	[pʲˀat'nadtsʲatʲ]
sedici	шістнадцять	[ʃist'nadtsʲatʲ]
diciassette	сімнадцять	[sim'nadtsʲatʲ]
diciotto	вісімнадцять	[wisim'nadtsʲatʲ]
diciannove	дев'ятнадцять	[dɛwʲˀat'nadtsʲatʲ]

venti	двадцять	['dwadtsʲatʲ]
trenta	тридцять	['trɪdtsʲatʲ]
quaranta	сорок	['sɔrok]
cinquanta	п'ятдесят	[pʲʲatdɛ'sʲat]

sessanta	шістдесят	[ʃizdɛ'sʲat]
settanta	сімдесят	[simdɛ'sʲat]
ottanta	вісімдесят	[wisimdɛ'sʲat]
novanta	дев'яносто	[dɛwʲʲa'nɔsto]
cento	сто	[sto]
duecento	двісті	['dwisti]
trecento	триста	['trista]
quattrocento	чотириста	[tʃo'tirista]
cinquecento	п'ятсот	[pʲʲa'tsɔt]

seicento	шістсот	[ʃist'sɔt]
settecento	сімсот	[sim'sɔt]
ottocento	вісімсот	[wisim'sɔt]
novecento	дев'ятсот	[dɛwʲʲa'tsɔt]
mille	тисяча	['tisʲatʃa]

diecimila	десять тисяч	['dɛsatʲ 'tisʲatʃ]
centomila	сто тисяч	[sto 'tisʲatʃ]
milione (m)	мільйон (ч)	[milʲ'jɔn]
miliardo (m)	мільярд (ч)	[mi'ljard]

3. L'uomo. Membri della famiglia

uomo (m) (adulto maschio)	чоловік (ч)	[tʃolo'wik]
giovane (m)	юнак (ч)	[ʲu'nak]
adolescente (m, f)	підліток (ч)	['pidlitok]
donna (f)	жінка (ж)	['ʒinka]
ragazza (f)	дівчина (ж)	['diwtʃina]

età (f)	вік (ч)	[wik]
adulto (m)	дорослий	[do'rɔslij]
di mezza età	середніх років	[sɛ'rɛdnih ro'kiw]
anziano (agg)	похилий	[po'hɨlij]
vecchio (agg)	старий	[sta'rij]

vecchio (m)	старий (ч)	[sta'rij]
vecchia (f)	стара (ж)	[sta'ra]
pensionamento (m)	пенсія (ж)	['pɛnsiʲa]
andare in pensione	вийти на пенсію	['wijtɨ na 'pɛnsiʲu]
pensionato (m)	пенсіонер (ч)	[pɛnsio'nɛr]

madre (f)	мати (ж)	['mati]
padre (m)	батько (ч)	['batʲko]
figlio (m)	син (ч)	[sin]
figlia (f)	дочка (ж)	[dotʃ'ka]

| fratello (m) | брат (ч) | [brat] |
| sorella (f) | сестра (ж) | [sɛst'ra] |

genitori (m pl)	батьки (мн)	[batʲ'ki]
bambino (m)	дитина (ж)	[di'tina]
bambini (m pl)	діти (мн)	['diti]
matrigna (f)	мачуха (ж)	['matʃuha]
patrigno (m)	вітчим (ч)	['witʃim]

nonna (f)	бабуся (ж)	[ba'busʲa]
nonno (m)	дід (ч)	['did]
nipote (m) (figlio di un figlio)	онук (ч)	[o'nuk]
nipote (f)	онука (ж)	[o'nuka]
nipoti (pl)	онуки (мн)	[o'nukiˌ]

zio (m)	дядько (ч)	['dʲadʲko]
zia (f)	тітка (ж)	['titka]
nipote (m) (figlio di un fratello)	племінник (ч)	[plɛ'minik]
nipote (f)	племінниця (ж)	[plɛ'minitsʲa]

moglie (f)	дружина (ж)	[dru'ʒina]
marito (m)	чоловік (ч)	[tʃolo'wik]
sposato (agg)	одружений	[od'ruʒɛnij]
sposata (agg)	заміжня	[za'miʒnʲa]
vedova (f)	вдова (ж)	[wdo'wa]
vedovo (m)	вдівець (ч)	[wdi'wɛts]

| nome (m) | ім'я (c) | [i'mʲʲa] |
| cognome (m) | прізвище (c) | ['prizwiɕɛ] |

parente (m)	родич (ч)	['rɔditʃ]
amico (m)	товариш (ч)	[to'wariʃ]
amicizia (f)	дружба (ж)	['druʒba]

partner (m)	партнер (ч)	[part'nɛr]
capo (m), superiore (m)	начальник (ч)	[na'tʃalʲnik]
collega (m)	колега (ч)	[ko'lɛɦa]
vicini (m pl)	сусіди (мн)	[su'sidi]

4. Corpo umano. Anatomia

organismo (m)	організм (ч)	[orɦa'nizm]
corpo (m)	тіло (c)	['tilo]
cuore (m)	серце (c)	['sɛrtsɛ]
sangue (m)	кров (ж)	[krow]
cervello (m)	мозок (ч)	['mɔzok]
nervo (m)	нерв (ч)	[nɛrw]
osso (m)	кістка (ж)	['kistka]
scheletro (m)	скелет (ч)	[skɛ'lɛt]

colonna (f) vertebrale	хребет (ч)	[hrɛ'bɛt]
costola (f)	ребро (с)	[rɛb'rɔ]
cranio (m)	череп (ч)	['tʃɛrɛp]
muscolo (m)	м'яз (ч)	['mʲʲaz]
polmoni (m pl)	легені (мн)	[lɛ'ɦɛni]
pelle (f)	шкіра (ж)	['ʃkira]
testa (f)	голова (ж)	[ɦolo'wa]
viso (m)	обличчя (с)	[ob'litʃʲa]
naso (m)	ніс (ч)	[nis]
fronte (f)	чоло (с)	[tʃo'lɔ]
guancia (f)	щока (ж)	[ɕo'ka]
bocca (f)	рот (ч)	[rot]
lingua (f)	язик (ч)	[ja'zik]
dente (m)	зуб (ч)	[zub]
labbra (f pl)	губи (мн)	['ɦubɨ]
mento (m)	підборіддя (с)	[pidbo'riddʲa]
orecchio (m)	вухо (с)	['wuho]
collo (m)	шия (ж)	['ʃʲia]
gola (f)	горло (с)	['ɦɔrlo]
occhio (m)	око (с)	['ɔko]
pupilla (f)	зіниця (ч)	[zi'nitsʲa]
sopracciglio (m)	брова (ж)	[bro'wa]
ciglio (m)	вія (ж)	['wiʲa]
capelli (m pl)	волосся (с)	[wo'lɔssʲa]
pettinatura (f)	зачіска (ж)	['zatʃiska]
baffi (m pl)	вуса (мн)	['wusa]
barba (f)	борода (ж)	[boro'da]
portare (~ la barba, ecc.)	носити	[no'sɨti]
calvo (agg)	лисий	['lɨsij]
mano (f)	кисть (ж)	[kɨstʲ]
braccio (m)	рука (ж)	[ru'ka]
dito (m)	палець (ч)	['palɛts]
unghia (f)	ніготь (ч)	['niɦotʲ]
palmo (m)	долоня (ж)	[do'lɔnʲa]
spalla (f)	плече (с)	[plɛ'tʃɛ]
gamba (f)	гомілка (ж)	[ɦo'milka]
pianta (f) del piede	ступня (ж)	[stup'nʲa]
ginocchio (m)	коліно (с)	[ko'lino]
tallone (m)	п'ятка (ж)	['pʲʲatka]
schiena (f)	спина (ж)	['spɨna]
vita (f)	талія (ж)	['taliʲa]
neo (m)	родимка (ж)	['rɔdɨmka]
voglia (f) (~ di fragola)	родима пляма (ж)	[ro'dɨma 'plʲama]

5. Medicinali. Malattie. Farmaci

salute (f)	здоров'я (c)	[zdo'rɔwʲja]
sano (agg)	здоровий	[zdo'rɔwɨj]
malattia (f)	хвороба (ж)	[hwo'rɔba]
essere malato	хворіти	[hwo'ritɨ]
malato (agg)	хворий	['hwɔrɨj]

raffreddore (m)	застуда (ж)	[za'studa]
raffreddarsi (vr)	застудитися	[zastu'dɨtɨsʲa]
tonsillite (f)	ангіна (ж)	[an'ɦina]
polmonite (f)	запалення (c) легенів	[za'palɛnʲa lɛ'ɦɛniw]
influenza (f)	грип (ч)	[ɦrɨp]

raffreddore (m)	нежить (ч)	['nɛʒɨtʲ]
tosse (f)	кашель (ч)	['kaʃɛlʲ]
tossire (vi)	кашляти	['kaʃlʲatɨ]
starnutire (vi)	чхати	['ʧhatɨ]

ictus (m) cerebrale	інсульт (ч)	[in'sulʲt]
attacco (m) di cuore	інфаркт (ч)	[in'farkt]
allergia (f)	алергія (ж)	[alɛr'ɦiʲa]
asma (f)	астма (ж)	['astma]
diabete (m)	діабет (ч)	[dia'bɛt]

tumore (m)	пухлина (ж)	[puh'lɨna]
cancro (m)	рак (ч)	[rak]
alcolismo (m)	алкоголізм (ч)	[alkoɦo'lizm]
AIDS (m)	СНІД (ч)	[snid]
febbre (f)	гарячка (ж)	[ɦa'rʲaʧka]
mal (m) di mare	морська хвороба (ж)	[morsʲ'ka hwo'rɔba]

livido (m)	синець (ч)	[sɨ'nɛʦ]
bernoccolo (m)	гуля (ж)	['ɦulʲa]
zoppicare (vi)	кульгати	[kulʲ'ɦatɨ]
slogatura (f)	вивих (ч)	['wɨwɨh]
slogarsi (vr)	вивихнути	['wɨwɨhnutɨ]

frattura (f)	перелом (ч)	[pɛrɛ'lɔm]
scottatura (f)	опік (ч)	['ɔpik]
ferita (f)	ушкодження (c)	[uʃ'kɔʤɛnʲa]
dolore (m), male (m)	біль (ч)	[bilʲ]
mal (m) di denti	зубний біль (ч)	[zub'nɨj bilʲ]

sudare (vi)	спітніти	[spit'nitɨ]
sordo (agg)	глухий (ч)	[ɦlu'hɨj]
muto (agg)	німий (ч)	[ni'mɨj]

immunità (f)	імунітет (ч)	[imuni'tɛt]
virus (m)	вірус (ч)	['wirus]
microbo (m)	мікроб (ч)	[mik'rɔb]

| batterio (m) | бактерія (ж) | [bak'tɛriˈa] |
| infezione (f) | інфекція (ж) | [in'fɛktsiˈa] |

ospedale (m)	лікарня (ж)	[li'karnˈa]
cura (f)	лікування (c)	[liku'wanˈa]
vaccinare (vt)	робити щеплення	[ro'bitɨ 'ɕɛplɛnˈa]
essere in coma	бути в комі	['butɨ w 'kɔmi]
rianimazione (f)	реанімація (ж)	[rɛani'matsiˈa]
sintomo (m)	симптом (ч)	[simp'tɔm]
polso (m)	пульс (ч)	[pulˈs]

6. Sentimenti. Emozioni. Conversazione

io	я	[ja]
tu	ти	[tɨ]
lui	він	[win]
lei	вона	[wo'na]

noi	ми	[mɨ]
voi	ви	[wɨ]
loro	вони	[wo'nɨ]

Salve!	Здрастуй!	['zdrastuj]
Buongiorno!	Здрастуйте!	['zdrastujtɛ]
Buongiorno! (la mattina)	Доброго ранку!	['dɔbroɦo 'ranku]
Buon pomeriggio!	Добрий день!	['dɔbrij dɛnˈ]
Buonasera!	Добрий вечір!	['dɔbrij 'wɛtʃir]

salutare (vt)	вітатися	[wi'tatisˈa]
salutare (vt)	вітати	[wi'tati]
Come sta? Come stai?	Як справи?	[jak 'sprawɨ]
Arrivederci!	До побачення!	[do po'batʃɛnˈa]
Grazie!	Дякую!	['dˈakuˈu]

sentimenti (m pl)	почуття (мн)	[potʃut'tˈa]
avere fame	хотіти їсти	[ho'titi 'jisti]
avere sete	хотіти пити	[ho'titi 'piti]
stanco (agg)	втомлений	['wtɔmlɛnij]

essere preoccupato	хвилюватися	[hwilˈu'watisˈa]
essere nervoso	нервуватися	[nɛrwu'watisˈa]
speranza (f)	надія (ж)	[na'diˈa]
sperare (vi, vt)	сподіватися	[spodi'watisˈa]

carattere (m)	характер (ч)	[ha'raktɛr]
modesto (agg)	скромний	['skrɔmnij]
pigro (agg)	ледачий	[lɛ'datʃij]
generoso (agg)	щедрий	['ɕɛdrij]
di talento	талановитий	[talano'witij]
onesto (agg)	чесний	['tʃɛsnij]

serio (agg)	серйозний	[sɛrʲoznij]
timido (agg)	сором'язливий	[soro'mʲazlɨwij]
sincero (agg)	щирий	['ɕɨrij]
codardo (m)	боягуз (ч)	[boja'ɦuz]

dormire (vi)	спати	['spati]
sogno (m)	сон (ч)	[son]
letto (m)	ліжко (с)	['liʒko]
cuscino (m)	подушка (ж)	[po'duʃka]

insonnia (f)	безсоння (с)	[bɛz'sɔnʲa]
andare a letto	йти спати	[jtɨ 'spati]
incubo (m)	страхіття (с)	[stra'hittʲa]
sveglia (f)	будильник (ч)	[bu'dɨlʲnɨk]

sorriso (m)	посмішка (ж)	['pɔsmiʃka]
sorridere (vi)	посміхатися	[posmi'hatisʲa]
ridere (vi)	сміятися	[smiʲatisʲa]

litigio (m)	сварка (ж)	['swarka]
insulto (m)	образа (ж)	[ob'raza]
offesa (f)	образа (ж)	[ob'raza]
arrabbiato (agg)	сердитий	[sɛr'dɨtij]

7. Abbigliamento. Accessori personali

vestiti (m pl)	одяг (ч)	['ɔdʲaɦ]
cappotto (m)	пальто (с)	[palʲ'to]
pelliccia (f)	шуба (ж)	['ʃuba]
giubbotto (m), giaccha (f)	куртка (ж)	['kurtka]
impermeabile (m)	плащ (ч)	[plaɕ]
camicia (f)	сорочка (ж)	[so'rɔtʃka]
pantaloni (m pl)	штани (мн)	[ʃta'nɨ]
giacca (f) (~ di tweed)	піджак (ч)	[pi'dʒak]
abito (m) da uomo	костюм (ч)	[kos'tʲum]

abito (m)	сукня (ж)	['suknʲa]
gonna (f)	спідниця (ж)	[spid'nɨtsʲa]
maglietta (f)	футболка (ж)	[fut'bɔlka]
accappatoio (m)	халат (ч)	[ha'lat]
pigiama (ʒama)	піжама (ж)	[pi'ʒama]
tuta (f) da lavoro	робочий одяг (ж)	[ro'bɔtʃij 'ɔdʲaɦ]

biancheria (f) intima	білизна (ж)	[bi'lɨzna]
calzini (m pl)	шкарпетки (мн)	[ʃkar'pɛtkɨ]
reggiseno (m)	бюстгальтер (ч)	[bʲust'ɦalʲtɛr]
collant (m)	колготки (мн)	[kol'ɦɔtkɨ]
calze (f pl)	панчохи (мн)	[pan'tʃɔhɨ]
costume (m) da bagno	купальник (ч)	[ku'palʲnɨk]
cappello (m)	шапка (ж)	['ʃapka]

calzature (f pl)	взуття (c)	[wzut't'a]
stivali (m pl)	чоботи (мн)	['tʃoboti]
tacco (m)	каблук (ч)	[kab'luk]
laccio (m)	шнурок (ч)	[ʃnu'rɔk]
lucido (m) per le scarpe	крем (ч) для взуття	[krɛm dl'a wzut't'a]

cotone (m)	бавовна (ж)	[ba'wɔwna]
lana (f)	вовна (ж)	['wɔwna]
pelliccia (f)	хутро (c)	['hutro]

guanti (m pl)	рукавички (мн)	[ruka'witʃki]
manopole (f pl)	рукавиці (мн)	[ruka'witsi]
sciarpa (f)	шарф (ч)	[ʃarf]
occhiali (m pl)	окуляри (мн)	[oku'l'ari]
ombrello (m)	парасолька (ж)	[para'sɔl'ka]

cravatta (f)	краватка (ж)	[kra'watka]
fazzoletto (m)	носовичок (ч)	[nosowi'tʃɔk]
pettine (m)	гребінець (ч)	[hrɛbi'nɛts]
spazzola (f) per capelli	щітка (ж) для волосся	['ɕitka dl'a wo'lɔss'a]
fibbia (f)	пряжка (ж)	['pr'aʒka]
cintura (f)	пасок (ч)	['pasok]
borsetta (f)	сумочка (ж)	['sumotʃka]

collo (m)	комір (ч)	['kɔmir]
tasca (f)	кишеня (ж)	[ki'ʃɛn'a]
manica (f)	рукав (ч)	[ru'kaw]
patta (f) (~ dei pantaloni)	ширінка (ж)	[ʃi'rinka]

cerniera (f) lampo	змійка (ж)	['zmijka]
bottone (m)	ґудзик (ч)	['gudzik]
sporcarsi (vr)	забруднитися	[zabrud'nitis'a]
macchia (f)	пляма (ж)	['pl'ama]

8. Città. Servizi cittadini

negozio (m)	магазин (ч)	[maɦa'zin]
centro (m) commerciale	торгівельний центр (ч)	[torɦi'wɛl'nij 'tsɛntr]
supermercato (m)	супермаркет (ч)	[supɛr'markɛt]
negozio (m) di scarpe	взуттєвий магазин (ч)	[wzut'tɛwij maɦa'zin]
libreria (f)	книгарня (ж)	[kni'ɦarn'a]

farmacia (f)	аптека (ж)	[ap'tɛka]
panetteria (f)	булочна (ж)	['bulotʃna]
pasticceria (f)	кондитерська (ж)	[kon'ditɛrs'ka]
drogheria (f)	бакалія (ж)	[baka'li'a]
macelleria (f)	м'ясний магазин (ч)	[m'i'as'nij maɦa'zin]
fruttivendolo (m)	овочевий магазин (ч)	[owo'tʃɛwij maɦa'zin]
mercato (m)	ринок (ч)	['rinok]
salone (m) di parrucchiere	перукарня (ж)	[pɛru'karn'a]

ufficio (m) postale	пошта (ж)	['pɔʃta]
lavanderia (f) a secco	хімчистка (ж)	[him'ʧistka]
circo (m)	цирк (ч)	[ʦirk]
zoo (m)	зоопарк (ч)	[zoo'park]
teatro (m)	театр (ч)	[tɛ'atr]
cinema (m)	кінотеатр (ч)	[kinotɛ'atr]
museo (m)	музей (ч)	[mu'zɛj]
biblioteca (f)	бібліотека (ж)	[biblio'tɛka]
moschea (f)	мечеть (ж)	[mɛ'ʧɛtʲ]
sinagoga (f)	синагога (ж)	[sina'hɔɦa]
cattedrale (f)	собор (ч)	[so'bɔr]
tempio (m)	храм (ч)	[hram]
chiesa (f)	церква (ж)	['ʦɛrkwa]
istituto (m)	інститут (ч)	[insti'tut]
università (f)	університет (ч)	[uniwɛrsi'tɛt]
scuola (f)	школа (ж)	['ʃkɔla]
albergo, hotel (m)	готель (ч)	[ɦo'tɛlʲ]
banca (f)	банк (ч)	[bank]
ambasciata (f)	посольство (с)	[po'sɔlʲstwo]
agenzia (f) di viaggi	турагентство (с)	[tura'ɦɛnʦtwo]
metropolitana (f)	метро (с)	[mɛt'rɔ]
ospedale (m)	лікарня (ж)	[li'karnʲa]
distributore (m) di benzina	бензоколонка (ж)	[bɛnzoko'lɔnka]
parcheggio (m)	стоянка (ж)	[sto'ʲanka]
ENTRATA	ВХІД	[whid]
USCITA	ВИХІД	['wihid]
SPINGERE	ВІД СЕБЕ	[wid 'sɛbɛ]
TIRARE	ДО СЕБЕ	[do 'sɛbɛ]
APERTO	ВІДЧИНЕНО	[wid'ʧinɛno]
CHIUSO	ЗАЧИНЕНО	[za'ʧinɛno]
monumento (m)	пам'ятник (ч)	['pamʲʲatnik]
fortezza (f)	фортеця (ж)	[for'tɛʦʲa]
palazzo (m)	палац (ч)	[pa'laʦ]
medievale (agg)	середньовічний	[sɛrɛdnʲo'witʃnij]
antico (agg)	старовинний	[staro'winij]
nazionale (agg)	національний	[naʦio'nalʲnij]
famoso (agg)	відомий	[wi'dɔmij]

9. Denaro. Mezzi finanziari

soldi (m pl)	гроші (мн)	['ɦrɔʃi]
moneta (f)	монета (ж)	[mo'nɛta]
dollaro (m)	долар (ч)	['dɔlar]

euro (m)	євро (ч)	['ɛwro]
bancomat (m)	банкомат (ч)	[banko'mat]
ufficio (m) dei cambi	обмінний пункт (ч)	[ob'minij punkt]
corso (m) di cambio	курс (ч)	[kurs]
contanti (m pl)	готівка (ж)	[ɦo'tiwka]
Quanto?	Скільки?	['skilʲki]
pagare (vi, vt)	платити	[pla'titi]
pagamento (m)	оплата (ж)	[op'lata]
resto (m) (dare il ~)	решта (ж)	['rɛʃta]
prezzo (m)	ціна (ж)	[ʦi'na]
sconto (m)	знижка (ж)	['zniʒka]
a buon mercato	дешевий	[dɛ'ʃewij]
caro (agg)	дорогий	[doro'ɦij]
banca (f)	банк (ч)	[bank]
conto (m)	рахунок (ч)	[ra'ɦunok]
carta (f) di credito	кредитна картка (ж)	[krɛ'ditna 'kartka]
assegno (m)	чек (ч)	[ʧɛk]
emettere un assegno	виписати чек	['wipisati 'ʧɛk]
libretto (m) di assegni	чекова книжка (ж)	['ʧɛkowa 'kniʒka]
debito (m)	борг (ч)	['borɦ]
debitore (m)	боржник (ч)	[borʒ'nik]
prestare (~ i soldi)	позичити	[po'ziʧiti]
prendere in prestito	взяти в борг	['wzʲati w borɦ]
noleggiare (~ un abito)	взяти напрокат	['wzʲati napro'kat]
a credito	в кредит (ч)	[w krɛ'dit]
portafoglio (m)	гаманець (ч)	[ɦama'nɛʦ]
cassaforte (f)	сейф (ч)	[sɛjf]
eredità (f)	спадщина (с)	['spadɕina]
fortuna (f)	статок (ч)	['statok]
imposta (f)	податок (ч)	[po'datok]
multa (f), ammenda (f)	штраф (ч)	[ʃtraf]
multare (vt)	штрафувати	[ʃtrafu'wati]
all'ingrosso (agg)	оптовий	[op'towij]
al dettaglio (agg)	роздрібний	[rozd'ribnij]
assicurare (vt)	страхувати	[strahu'wati]
assicurazione (f)	страхування (с)	[strahu'wanʲa]
capitale (m)	капітал (ч)	[kapi'tal]
giro (m) di affari	обіг (ч)	['ɔbiɦ]
azione (f)	акція (ж)	['akʦiʲa]
profitto (m)	прибуток (ч)	[pri'butok]
redditizio (agg)	прибутковий	[pribut'kɔwij]
crisi (f)	криза (ж)	['kriza]
bancarotta (f)	банкрутство (с)	[ban'krutstwo]
fallire (vi)	збанкрутувати	[zbankrutu'wati]

contabile (m)	бухгалтер (ч)	[buh'ɦaltɛr]
stipendio (m)	заробітна платня (ж)	[zaro'bitna plat'nʲa]
premio (m)	премія (ж)	['prɛmiʲa]

10. Trasporto

autobus (m)	автобус (ч)	[aw'tɔbus]
tram (m)	трамвай (ч)	[tram'waj]
filobus (m)	тролейбус (ч)	[tro'lɛjbus]

andare in ...	їхати на ...	['jihatɨ na]
salire (~ sull'autobus)	сісти	['sistɨ]
scendere da ...	зійти	[zij'tɨ]

fermata (f) (~ dell'autobus)	зупинка (ж)	[zu'pɨnka]
capolinea (m)	кінцева зупинка (ж)	[kin'tsɛwa zu'pɨnka]
orario (m)	розклад (ч)	['rɔzklad]
biglietto (m)	квиток (ч)	[kwɨ'tɔk]
essere in ritardo	запізнюватися	[za'piznʲuwatɨsʲa]

taxi (m)	таксі (c)	[tak'si]
in taxi	на таксі	[na tak'si]
parcheggio (m) di taxi	стоянка (c) таксі	[sto'ʲanka tak'si]

traffico (m)	вуличний рух (ч)	['wulɨtʃnɨj ruh]
ore (f pl) di punta	години (мн) пік	[ɦo'dɨnɨ pik]
parcheggiarsi (vr)	паркуватися	[parku'watɨsʲa]

metropolitana (f)	метро (c)	[mɛt'rɔ]
stazione (f)	станція (ж)	['stantsiʲa]
treno (m)	поїзд (ч)	['pɔjizd]
stazione (f) ferroviaria	вокзал (ч)	[wok'zal]
rotaie (f pl)	рейки (мн)	['rɛjkɨ]
scompartimento (m)	купе (c)	[ku'pɛ]
cuccetta (f)	полиця (ж)	[po'lɨtsʲa]

aereo (m)	літак (ч)	[li'tak]
biglietto (m) aereo	авіаквиток (ч)	[awiakwɨ'tɔk]
compagnia (f) aerea	авіакомпанія (ж)	[awiakom'paniʲa]
aeroporto (m)	аеропорт (ч)	[aɛro'pɔrt]

volo (m)	політ (ч)	[po'lit]
bagaglio (m)	багаж (ч)	[ba'ɦaʒ]
carrello (m)	візок (ч) для багажу	[wi'zɔk dlʲa baɦa'ʒu]

nave (f)	корабель (ч)	[kora'bɛlʲ]
transatlantico (m)	лайнер (ч)	['lajnɛr]
yacht (m)	яхта (ж)	['ʲahta]
barca (f)	човен (ч)	['tʃɔwɛn]
capitano (m)	капітан (ч)	[kapi'tan]

| cabina (f) | каюта (ж) | [ka'ʲuta] |
| porto (m) | порт (ч) | [port] |

bicicletta (f)	велосипед (ч)	[wɛlosi'pɛd]
motorino (m)	мотороллер (ч)	[moto'rolɛr]
motocicletta (f)	мотоцикл (ч)	[moto'ʦikl]
pedale (m)	педаль (ж)	[pɛ'dalʲ]
pompa (f)	помпа (ж)	['pɔmpa]
ruota (f)	колесо (с)	['kɔlɛso]

automobile (f)	автомобіль (ч)	[awtomo'bilʲ]
ambulanza (f)	швидка допомога (ж)	[ʃwid'ka dopo'mɔɦa]
camion (m)	вантажівка (ж)	[wanta'ʒiwka]
di seconda mano	вживаний	['wʒiwanij]
incidente (m)	аварія (ж)	[a'warʲia]
riparazione (f)	ремонт (ч)	[rɛ'mɔnt]

11. Cibo. Parte 1

carne (f)	м'ясо (с)	['mʲaso]
pollo (m)	курка (ж)	['kurka]
anatra (f)	качка (ж)	['katʃka]

maiale (m)	свинина (ж)	[swi'nina]
vitello (m)	телятина (ж)	[tɛ'lʲatina]
agnello (m)	баранина (ж)	[ba'ranina]
manzo (m)	яловичина (ж)	['ʲalowitʃina]

salame (m)	ковбаса (ж)	[kowba'sa]
uovo (m)	яйце (с)	[jaj'ʦɛ]
pesce (m)	риба (ж)	['riba]
formaggio (m)	сир (ч)	[sir]
zucchero (m)	цукор (ч)	['ʦukor]
sale (m)	сіль (ж)	[silʲ]

riso (m)	рис (ч)	[ris]
pasta (f)	макарони (мн)	[maka'rɔni]
burro (m)	вершкове масло (с)	[wɛrʃ'kɔwɛ 'maslo]
olio (m) vegetale	олія (ж) рослинна	[o'lʲia ros'lina]
pane (m)	хліб (ч)	[hlib]
cioccolato (m)	шоколад (ч)	[ʃoko'lad]

vino (m)	вино (с)	[wi'nɔ]
caffè (m)	кава (ж)	['kawa]
latte (m)	молоко (с)	[molo'kɔ]
succo (m)	сік (ч)	[sik]
birra (f)	пиво (с)	['piwo]
tè (m)	чай (ч)	[tʃaj]
pomodoro (m)	помідор (ч)	[pomi'dɔr]
cetriolo (m)	огірок (ч)	[oɦi'rɔk]

carota (f)	морква (ж)	['mɔrkwa]
patata (f)	картопля (ж)	[kar'tɔplʲa]
cipolla (f)	цибуля (ж)	[tsʲi'bulʲa]
aglio (m)	часник (ч)	[tʃas'nʲk]

cavolo (m)	капуста (ж)	[ka'pusta]
barbabietola (f)	буряк (ч)	[bu'rʲak]
melanzana (f)	баклажан (ч)	[bakla'ʒan]
aneto (m)	кріп (ч)	[krip]
lattuga (f)	салат (ч)	[sa'lat]
mais (m)	кукурудза (ж)	[kuku'rudza]

frutto (m)	фрукт (ч)	[frukt]
mela (f)	яблуко (c)	['ʲabluko]
pera (f)	груша (ж)	['ɦruʃa]
limone (m)	лимон (ч)	[lʲi'mɔn]
arancia (f)	апельсин (ч)	[apɛlʲ'sʲn]
fragola (f)	полуниця (ж)	[polu'nʲitsʲa]

prugna (f)	слива (ж)	['slʲwa]
lampone (m)	малина (ж)	[ma'lʲina]
ananas (m)	ананас (ч)	[ana'nas]
banana (f)	банан (ч)	[ba'nan]
anguria (f)	кавун (ч)	[ka'wun]
uva (f)	виноград (ч)	[wɪno'ɦrad]
melone (m)	диня (ж)	['dɪnʲa]

12. Cibo. Parte 2

cucina (f)	кухня (ж)	['kuhnʲa]
ricetta (f)	рецепт (ч)	[rɛ'tsɛpt]
cibo (m)	їжа (ж)	['jiʒa]

fare colazione	снідати	['snidatʲ]
pranzare (vi)	обідати	[o'bidatʲ]
cenare (vi)	вечеряти	[wɛ'tʃɛrʲatʲ]

gusto (m)	смак (ч)	[smak]
buono, gustoso (agg)	смачний	[smatʃ'nʲj]
freddo (agg)	холодний	[ho'lɔdnʲj]
caldo (agg)	гарячий	[ɦa'rʲatʃɪj]
dolce (gusto)	солодкий	[so'lɔdkɪj]
salato (agg)	солоний	[so'lɔnʲj]

panino (m)	канапка (ж)	[ka'napka]
contorno (m)	гарнір (ч)	[ɦar'nir]
ripieno (m)	начинка (ж)	[na'tʃɪnka]
salsa (f)	соус (ч)	['sɔus]
pezzo (m) (~ di torta)	шматок (ч)	[ʃma'tɔk]
dieta (f)	дієта (ж)	[di'ɛta]

vitamina (f)	вітамін (ч)	[wita'min]
caloria (f)	калорія (ж)	[ka'lɔriˈa]
vegetariano (m)	вегетаріанець (ч)	[wɛɦɛtariˈanɛts]

ristorante (m)	ресторан (ч)	[rɛsto'ran]
caffè (m)	кав'ярня (ж)	[ka'wʲarnʲa]
appetito (m)	апетит (ч)	[apɛ'tit]
Buon appetito!	Смачного!	[smaʧ'nɔɦo]

cameriere (m)	офіціант (ч)	[ofitsi'ant]
cameriera (f)	офіціантка (ж)	[ofitsi'antka]
barista (m)	бармен (ч)	[bar'mɛn]
menù (m)	меню (с)	[mɛ'nʲu]

cucchiaio (m)	ложка (ж)	['lɔʒka]
coltello (m)	ніж (ч)	[niʒ]
forchetta (f)	виделка (ж)	[wiˈdɛlka]
tazza (f)	чашка (ж)	['ʧaʃka]

piatto (m)	тарілка (ж)	[ta'rilka]
piattino (m)	блюдце (с)	['blʲudtsɛ]
tovagliolo (m)	серветка (ж)	[sɛr'wɛtka]
stuzzicadenti (m)	зубочистка (ж)	[zubo'ʧistka]

ordinare (~ il pranzo)	замовити	[za'mɔwiti]
piatto (m) (~ principale)	страва (ж)	['strawa]
porzione (f)	порція (ж)	['pɔrtsiˈa]
antipasto (m)	закуска (ж)	[za'kuska]
insalata (f)	салат (ч)	[sa'lat]
minestra (f)	юшка (ж)	['ʲuʃka]

dolce (m)	десерт (ч)	[dɛ'sɛrt]
marmellata (f)	варення (с)	[wa'rɛnʲa]
gelato (m)	морозиво (с)	[mo'rɔziwo]
conto (m)	рахунок (ч)	[ra'hunok]
pagare il conto	оплатити рахунок	[opla'titi ra'hunok]
mancia (f)	чайові (мн)	[ʧaˈo'wi]

13. Casa. Appartamento. Parte 1

casa (f)	будинок (ч)	[bu'dinok]
casa (f) di campagna	будинок (ч) за містом	[bu'dinok za 'mistom]
villa (f)	вілла (ж)	['willa]

piano (m)	поверх (ч)	['pɔwɛrh]
entrata (f)	під'їзд (ч)	[pid"jizd]
muro (m)	стіна (ж)	[sti'na]
tetto (m)	дах (ч)	[dah]
ciminiera (f)	труба (ж)	[tru'ba]
soffitta (f)	горище (с)	[ɦo'riɕɛ]

finestra (f)	вікно (c)	[wik'nɔ]
davanzale (m)	підвіконня (c)	[pidwi'kɔnʲa]
balcone (m)	балкон (ч)	[bal'kɔn]

scala (f)	сходи (мн)	['shɔdi]
cassetta (f) della posta	поштова скринька (ж)	[poʃ'tɔwa sk'rinʲka]
secchio (m) della spazzatura	бак (ч) для сміття	[bak dlʲa smit'tʲa]
ascensore (m)	ліфт (ч)	[lift]

elettricità (f)	електрика (ж)	[ɛ'lɛktrika]
lampadina (f)	лампочка (ж)	['lampoʧka]
interruttore (m)	вимикач (ч)	[wimi'kaʧ]
presa (f) elettrica	розетка (ж)	[ro'zɛtka]
fusibile (m)	запобіжник (ч)	[zapo'biʒnik]

porta (f)	двері (мн)	['dwɛri]
maniglia (f)	ручка (ж)	['ruʧka]
chiave (f)	ключ (ч)	[klʲuʧ]
zerbino (m)	килимок (ч)	[kiłi'mɔk]

serratura (f)	замок (ч)	[za'mɔk]
campanello (m)	дзвінок (ч)	[dzwi'nɔk]
bussata (f)	стукіт (ч)	['stukit]
bussare (vi)	стукати	['stukati]
spioncino (m)	вічко (c)	['wiʧko]

cortile (m)	двір (ч)	[dwir]
giardino (m)	сад (ч)	[sad]
piscina (f)	басейн (ч)	[ba'sɛjn]
palestra (f)	спортивний зал (ч)	[spor'tiwnij 'zal]
campo (m) da tennis	тенісний корт (ч)	['tɛnisnij 'kɔrt]
garage (m)	гараж (ч)	[ħa'raʒ]

proprietà (f) privata	приватна власність (ж)	[pri'watna 'wlasnistʲ]
cartello (m) di avvertimento	попереджувальний напис (ч)	[popɛ'rɛdʒuwalʲnij 'napis]
sicurezza (f)	охорона (ж)	[oho'rɔna]
guardia (f) giurata	охоронник (ч)	[oho'rɔnik]

lavori (m pl) di restauro	ремонт (ч)	[rɛ'mɔnt]
rinnovare (ridecorare)	робити ремонт	[ro'biti rɛ'mɔnt]
mettere in ordine	привести до ладу	[pri'wɛsti do 'ladu]

pitturare (~ un muro)	фарбувати	[farbu'wati]
carta (f) da parati	шпалери (мн)	[ʃpa'lɛri]

verniciare (vt)	покривати лаком	[pokri'wati 'lakom]
tubo (m)	труба (ж)	[tru'ba]
strumenti (m pl)	інструменти (мн)	[instru'mɛnti]
seminterrato (m)	підвал (ч)	[pid'wal]
fognatura (f)	каналізація (ж)	[kanali'zatsiʲa]

14. Casa. Appartamento. Parte 2

appartamento (m)	квартира (ж)	[kwar'tira]
camera (f), stanza (f)	кімната (ж)	[kim'nata]
camera (f) da letto	спальня (ж)	['spalʲnʲa]
sala (f) da pranzo	їдальня (ж)	['jidalʲnʲa]
salotto (m)	вітальня (ж)	[wi'talʲnʲa]
studio (m)	кабінет (ч)	[kabi'nɛt]
ingresso (m)	передпокій (ч)	[pɛrɛd'pɔkij]
bagno (m)	ванна кімната (ж)	['wana kim'nata]
gabinetto (m)	туалет (ч)	[tua'lɛt]
pavimento (m)	підлога (ж)	[pid'lɔɦa]
soffitto (m)	стеля (ж)	['stɛlʲa]
spolverare (vt)	витирати пил	[witi'rati pil]
aspirapolvere (m)	пилосос (ч)	[piɫo'sɔs]
passare l'aspirapolvere	пилососити	[piɫo'sɔsiti]
frettazzo (m)	швабра (ж)	['ʃwabra]
strofinaccio (m)	ганчірка (ж)	[ɦan'tʃirka]
scopa (f)	віник (ч)	['winik]
paletta (f)	совок (ч) для сміття	[so'wɔk dlʲa smit'tʲa]
mobili (m pl)	меблі (мн)	['mɛbli]
tavolo (m)	стіл (ч)	[stil]
sedia (f)	стілець (ч)	[sti'lɛts]
poltrona (f)	крісло (с)	['krislo]
libreria (f)	шафа (ж)	['ʃafa]
ripiano (m)	полиця (ж)	[po'litsʲa]
armadio (m)	шафа (ж)	['ʃafa]
specchio (m)	дзеркало (с)	['dzɛrkalo]
tappeto (m)	килим (ч)	['kiɫim]
camino (m)	камін (ч)	[ka'min]
tende (f pl)	штори (мн)	['ʃtori]
lampada (f) da tavolo	настільна лампа (ж)	[na'stilʲna 'lampa]
lampadario (m)	люстра (ж)	['lʲustra]
cucina (f)	кухня (ж)	['kuhnʲa]
fornello (m) a gas	плита (ж) газова	[pli'ta 'ɦazowa]
fornello (m) elettrico	плита (ж) електрична	[pli'ta ɛlɛkt'ritʃna]
forno (m) a microonde	мікрохвильова піч (ж)	[mikrohwilʲo'wa pitʃ]
frigorifero (m)	холодильник (ч)	[holo'dilʲnik]
congelatore (m)	морозильник (ч)	[moro'zilʲnik]
lavastoviglie (f)	посудомийна машина (ж)	[posudo'mijna ma'ʃina]
rubinetto (m)	кран (ч)	[kran]
tritacarne (m)	м'ясорубка (ж)	[mʲʲaso'rubka]

spremifrutta (m)	соковижималка (ж)	[sokowiʒi'malka]
tostapane (m)	тостер (ч)	['tɔstɛr]
mixer (m)	міксер (ч)	['miksɛr]

macchina (f) da caffè	кавоварка (ж)	[kawo'warka]
bollitore (m)	чайник (ч)	['tʃajnik]
teiera (f)	заварник (ч)	[za'warnik]

televisore (m)	телевізор (ч)	[tɛlɛ'wizor]
videoregistratore (m)	відеомагнітофон (ч)	['widɛo mañnito'fɔn]
ferro (m) da stiro	праска (ж)	['praska]
telefono (m)	телефон (ч)	[tɛlɛ'fɔn]

15. Attività lavorative. Condizione sociale

direttore (m)	директор (ч)	[di'rɛktor]
superiore (m)	начальник (ч)	[na'tʃalʲnik]
presidente (m)	президент (ч)	[prɛzi'dɛnt]
assistente (m)	помічник (ч)	[pomitʃ'nik]
segretario (m)	секретар (ч)	[sɛkrɛ'tar]

proprietario (m)	власник (ч)	['wlasnik]
partner (m)	партнер (ч)	[part'nɛr]
azionista (m)	акціонер (ч)	[aktsio'nɛr]

uomo (m) d'affari	бізнесмен (ч)	[biznɛs'mɛn]
milionario (m)	мільйонер (ч)	[milʲo'nɛr]
miliardario (m)	мільярдер (ч)	[miljar'dɛr]

attore (m)	актор (ч)	[ak'tɔr]
architetto (m)	архітектор (ч)	[arhi'tɛktor]
banchiere (m)	банкір (ч)	[ba'nkir]
broker (m)	брокер (ч)	['brɔkɛr]
veterinario (m)	ветеринар (ч)	[wɛtɛri'nar]
medico (m)	лікар (ч)	['likar]
cameriera (f)	покоївка (ж)	[poko'jiwka]
designer (m)	дизайнер (ч)	[di'zajnɛr]
corrispondente (m)	кореспондент (ч)	[korɛspon'dɛnt]
fattorino (m)	кур'єр (ч)	[ku'rʲɛr]

elettricista (m)	електрик (ч)	[ɛ'lɛktrik]
musicista (m)	музикант (ч)	[muzi'kant]
baby-sitter (m, f)	няня (ж)	['nʲanʲa]
parrucchiere (m)	перукар (ч)	[pɛru'kar]
pastore (m)	пастух (ч)	[pas'tuh]

cantante (m)	співак (ч)	[spi'wak]
traduttore (m)	перекладач (ч)	[pɛrɛkla'datʃ]
scrittore (m)	письменник (ч)	[pisʲ"mɛnik]
falegname (m)	тесля (ч)	['tɛslʲa]

cuoco (m)	кухар (ч)	['kuhar]
pompiere (m)	пожежник (ч)	[po'ʒɛʒnik]
poliziotto (m)	поліцейський (ч)	[poli'tsɛjsʲkij]
postino (m)	листоноша (ч)	[listo'noʃa]
programmatore (m)	програміст (ч)	[proɦ'ramist]
commesso (m)	продавець (ч)	[proda'wɛts]
operaio (m)	робочий (ч)	[ro'botʃij]
giardiniere (m)	садівник (ч)	[sadiw'nik]
idraulico (m)	сантехнік (ч)	[san'tɛhnik]
dentista (m)	стоматолог (ч)	[stoma'tɔloɦ]
hostess (f)	стюардеса (ж)	[stʲuar'dɛsa]
danzatore (m)	танцюрист (ч)	[tantsʲu'rist]
guardia (f) del corpo	охоронець (ч)	[oho'rɔnɛts]
scienziato (m)	вчений (ч)	['wtʃɛnij]
insegnante (m, f)	вчитель (ч)	['wtʃitɛlʲ]
fattore (m)	фермер (ч)	['fɛrmɛr]
chirurgo (m)	хірург (ч)	[hi'rurɦ]
minatore (m)	шахтар (ч)	[ʃah'tar]
capocuoco (m)	шеф-кухар (ч)	[ʃɛf 'kuhar]
autista (m)	шофер (ч)	[ʃo'fɛr]

16. Sport

sport (m)	вид спорту (ч)	[wid 'sportu]
calcio (m)	футбол (ч)	[fut'bɔl]
hockey (m)	хокей (ч)	[ho'kɛj]
pallacanestro (m)	баскетбол (ч)	[baskɛt'bɔl]
baseball (m)	бейсбол (ч)	[bɛjs'bɔl]
pallavolo (m)	волейбол (ч)	[wolɛj'bɔl]
pugilato (m)	бокс (ч)	[boks]
lotta (f)	боротьба (ж)	[borotʲ'ba]
tennis (m)	теніс (ч)	['tɛnis]
nuoto (m)	плавання (с)	['plawanʲa]
scacchi (m pl)	шахи (мн)	['ʃahɨ]
corsa (f)	біг (ч)	[biɦ]
atletica (f) leggera	легка атлетика (ж)	[lɛɦ'ka at'lɛtika]
pattinaggio (m) artistico	фігурне катання (с)	[fi'ɦurnɛ ka'tanʲa]
ciclismo (m)	велоспорт (ч)	[wɛlo'sport]
biliardo (m)	більярд (ч)	[bi'ljard]
culturismo (m)	бодібілдинг (ч)	[bodi'bildinɦ]
golf (m)	гольф (ч)	[ɦɔlʲf]
immersione (f) subacquea	дайвінг (ч)	['dajwinɦ]
vela (f)	парусний спорт (ч)	['parusnij sport]
tiro (m) con l'arco	стрільба (ж) з луку	[strilʲ'ba z 'luku]

tempo (m)	тайм (ч)	[tajm]
intervallo (m)	перерва (ж)	[pɛ'rɛrwa]
pareggio (m)	нічия (ж)	[niʧiʲa]
pareggiare (vi)	зіграти внічию	[zi'ɦratɨ wniʧiʲu]

tapis roulant (m)	бігова доріжка (ж)	[biɦo'wa do'riʒka]
giocatore (m)	гравець (ч)	[ɦra'wɛʦ]
riserva (f)	запасний гравець (ч)	[zapas'nij ɦra'wɛʦ]
panchina (f)	лава (ж) запасних	['lawa zapas'nɨɦ]

partita (f)	матч (ч)	[maʧ]
porta (f)	ворота (мн)	[wo'rɔta]
portiere (m)	воротар (ч)	[woro'tar]
gol (m)	гол (ч)	[ɦol]

Giochi (m pl) Olimpici	Олімпійські ігри (мн)	[olim'pijsʲki 'iɦrɨ]
stabilire un record	встановлювати рекорд	[wsta'nɔwlʲuwatɨ rɛ'kɔrd]
finale (m)	фінал (ч)	[fi'nal]
campione (m)	чемпіон (ч)	[ʧɛmpi'ɔn]
campionato (m)	чемпіонат (ч)	[ʧɛmpio'nat]

vincitore (m)	переможець (ч)	[pɛrɛ'mɔʒɛʦ]
vittoria (f)	перемога (ж)	[pɛrɛ'mɔɦa]
vincere (vi)	виграти	['wiɦratɨ]
perdere (vt)	програти	[proɦ'ratɨ]
medaglia (f)	медаль (ж)	[mɛ'dalʲ]

primo posto (m)	перше місце (с)	['pɛrʃɛ 'misʦɛ]
secondo posto (m)	друге місце (с)	['druɦɛ 'misʦɛ]
terzo posto (m)	третє місце (с)	['trɛtɛ 'misʦɛ]

stadio (m)	стадіон (ч)	[stadi'ɔn]
tifoso, fan (m)	уболівальник (ч)	[uboli'walʲnɨk]
allenatore (m)	тренер (ч)	['trɛnɛr]
allenamento (m)	тренування (с)	[trɛnu'wanʲa]

17. Lingue straniere. Ortografia

lingua (f)	мова (ж)	['mɔwa]
studiare (vt)	вивчати	[wiw'ʧatɨ]
pronuncia (f)	вимова (ж)	[wɨ'mɔwa]
accento (m)	акцент (ч)	[ak'ʦɛnt]

sostantivo (m)	іменник (ч)	[i'mɛnɨk]
aggettivo (m)	прикметник (ч)	[prɨk'mɛtnɨk]
verbo (m)	дієслово (с)	[diɛ'slowo]
avverbio (m)	прислівник (ч)	[prɨs'liwnɨk]

| pronome (m) | займенник (ч) | [zaj'mɛnɨk] |
| interiezione (f) | вигук (ч) | ['wiɦuk] |

preposizione (f)	прийменник (ч)	[prij'mɛnik]
radice (f)	корінь (ч) слова	['kɔrinʲ 'slɔwa]
desinenza (f)	закінчення (c)	[za'kintʃɛnʲa]
prefisso (m)	префікс (ч)	['prɛfiks]
sillaba (f)	склад (ч)	['sklad]
suffisso (m)	суфікс (ч)	['sufiks]
accento (m)	наголос (ч)	['naɦolos]
punto (m)	крапка (ж)	['krapka]
virgola (f)	кома (ж)	['kɔma]
due punti	двокрапка (ж)	[dwo'krapka]
puntini di sospensione	крапки (мн)	[krap'ki]
domanda (f)	питання (c)	[pi'tanʲa]
punto (m) interrogativo	знак (ч) питання	[znak pi'tanʲa]
punto (m) esclamativo	знак (ч) оклику	[znak 'ɔkliku]
tra virgolette	в лапках	[w lap'kah]
tra parentesi	в дужках	[w duʒ'kah]
lettera (f)	літера (ж)	['litɛra]
lettera (f) maiuscola	велика літера (ж)	[wɛ'lika 'litɛra]
proposizione (f)	речення (c)	['rɛtʃɛnʲa]
gruppo (m) di parole	словосполучення (c)	[slowospo'lutʃɛnʲa]
espressione (f)	вислів (ч)	['wisliw]
soggetto (m)	підмет (ч)	['pidmɛt]
predicato (m)	присудок (ч)	['prisudok]
riga (f)	рядок (ч)	[rʲa'dɔk]
capoverso (m)	абзац (ч)	[ab'zats]
sinonimo (m)	синонім (ч)	[si'nɔnim]
antonimo (m)	антонім (ч)	[an'tɔnim]
eccezione (f)	виняток (ч)	['winʲatok]
sottolineare (vt)	підкреслити	[pid'krɛsliti]
regole (f pl)	правила (мн)	['prawiła]
grammatica (f)	граматика (ж)	[hra'matika]
lessico (m)	лексика (ж)	['lɛksika]
fonetica (f)	фонетика (ж)	[fo'nɛtika]
alfabeto (m)	алфавіт (ч)	[alfa'wit]
manuale (m)	підручник (ч)	[pid'rutʃnik]
dizionario (m)	словник (ч)	[slow'nik]
frasario (m)	розмовник (ч)	[roz'mɔwnik]
vocabolo (m)	слово (c)	['slɔwo]
significato (m)	сенс (ч)	[sɛns]
memoria (f)	пам'ять (ж)	['pamʲatʲ]

18. La Terra. Geografia

la Terra	Земля (ж)	[zɛm'lʲa]
globo (m) terrestre	земна куля (ж)	[zɛm'na 'kulʲa]
pianeta (m)	планета (ж)	[pla'nɛta]

geografia (f)	географія (ж)	[ɦɛo'ɦrafiʲa]
natura (f)	природа (ж)	[prɨ'rɔda]
carta (f) geografica	карта (ж)	['karta]
atlante (m)	атлас (ч)	['atlas]

al nord	на півночі	[na 'piwnotʃi]
al sud	на півдні	[na 'piwdni]
all'ovest	на заході	[na 'zahɔdi]
all'est	на сході	[na 'shɔdi]

mare (m)	море (с)	['mɔrɛ]
oceano (m)	океан (ч)	[okɛ'an]
golfo (m)	затока (ж)	[za'tɔka]
stretto (m)	протока (ж)	[pro'tɔka]

continente (m)	материк (ч)	[matɛ'rik]
isola (f)	острів (ч)	['ɔstriw]
penisola (f)	півострів (ч)	[pi'wɔstriw]
arcipelago (m)	архіпелаг (ч)	[arhipɛ'laɦ]

porto (m)	гавань (ж)	['ɦawanʲ]
barriera (f) corallina	кораловий риф (ч)	[ko'ralowɨj rif]
litorale (m)	берег (ч)	['bɛrɛɦ]
costa (f)	узбережжя (с)	[uzbɛ'rɛʑʲa]

| alta marea (f) | приплив (ч) | [prɨp'lɨw] |
| bassa marea (f) | відплив (ч) | [wid'plɨw] |

latitudine (f)	широта (ж)	[ʃɨro'ta]
longitudine (f)	довгота (ж)	[dowɦo'ta]
parallelo (m)	паралель (ж)	[para'lɛlʲ]
equatore (m)	екватор (ч)	[ɛk'wator]

cielo (m)	небо (с)	['nɛbo]
orizzonte (m)	горизонт (ч)	[ɦori'zɔnt]
atmosfera (f)	атмосфера (ж)	[atmos'fɛra]

monte (m), montagna (f)	гора (ж)	[ɦo'ra]
cima (f)	вершина (ж)	[wɛr'ʃɨna]
falesia (f)	скеля (ж)	['skɛlʲa]
collina (f)	горб (ч)	[ɦorb]

vulcano (m)	вулкан (ч)	[wul'kan]
ghiacciaio (m)	льодовик (ч)	[lʲodo'wɨk]
cascata (f)	водоспад (ч)	[wodos'pad]

pianura (f)	рівнина (ж)	[riw'nɨna]
fiume (m)	ріка (ж)	['rika]
fonte (f) (sorgente)	джерело (c)	[dʒɛrɛ'lɔ]
riva (f)	берег (ч)	['bɛrɛɦ]
a valle	вниз за течією (ж)	[wnɨz za 'tɛtʃiɛʲu]
a monte	уверх по течії	[u'wɛrh po 'tɛtʃiʲi]

lago (m)	озеро (c)	['ɔzɛrɔ]
diga (f)	гребля (ж)	['ɦrɛblʲa]
canale (m)	канал (ч)	[ka'nal]
palude (f)	болото (c)	[bo'lɔtɔ]
ghiaccio (m)	крига (ж)	['krɨɦa]

19. Paesi. Parte 1

Europa (f)	Європа (ж)	[ɛw'rɔpa]
Unione (f) Europea	Європейський Союз (ч)	[ɛwro'pɛjsʲkij so'ʲuz]
europeo (m)	європеєць (ч)	[ɛwro'pɛɛts]
europeo (agg)	європейський	[ɛwro'pɛjsʲkij]

Austria (f)	Австрія (ж)	['awstriʲa]
Gran Bretagna (f)	Великобританія (ж)	[wɛlɨkobrɨ'taniʲa]
Inghilterra (f)	Англія (ж)	['anɦliʲa]
Belgio (m)	Бельгія (ж)	['bɛlʲɦiʲa]
Germania (f)	Німеччина (ж)	[ni'mɛtʃina]

Paesi Bassi (m pl)	Нідерланди (ж)	[nidɛr'landɨ]
Olanda (f)	Голландія (ж)	[ɦo'landiʲa]
Grecia (f)	Греція (ж)	['ɦrɛtsiʲa]
Danimarca (f)	Данія (ж)	['daniʲa]
Irlanda (f)	Ірландія (ж)	[ir'landiʲa]

Islanda (f)	Ісландія (ж)	[is'landiʲa]
Spagna (f)	Іспанія (ж)	[ispaniʲa]
Italia (f)	Італія (ж)	[i'taliʲa]
Cipro (m)	Кіпр (ж)	[kipr]
Malta (f)	Мальта (ж)	['malʲta]

Norvegia (f)	Норвегія (ж)	[nor'wɛɦiʲa]
Portogallo (f)	Португалія (ж)	[portu'ɦaliʲa]
Finlandia (f)	Фінляндія (ж)	[fin'lʲandiʲa]
Francia (f)	Франція (ж)	['frantsiʲa]
Svezia (f)	Швеція (ж)	['ʃwɛtsiʲa]

Svizzera (f)	Швейцарія (ж)	[ʃwɛj'tsariʲa]
Scozia (f)	Шотландія (ж)	[ʃot'landiʲa]
Vaticano (m)	Ватикан (ч)	[wati'kan]
Liechtenstein (m)	Ліхтенштейн (ч)	[lihtɛn'ʃtɛjn]
Lussemburgo (m)	Люксембург (ч)	[lʲuksɛm'burɦ]
Monaco (m)	Монако (c)	[mo'nako]

Albania (f)	**Албанія** (ж)	[al'baniᵢa]
Bulgaria (f)	**Болгарія** (ж)	[bol'ɦariᵢa]
Ungheria (f)	**Угорщина** (ж)	[u'ɦorɕina]
Lettonia (f)	**Латвія** (ж)	['latwiᵢa]
Lituania (f)	**Литва** (ж)	[lɨt'wa]
Polonia (f)	**Польща** (ж)	['polᵢɕa]
Romania (f)	**Румунія** (ж)	[ru'muniᵢa]
Serbia (f)	**Сербія** (ж)	['sɛrbiᵢa]
Slovacchia (f)	**Словаччина** (ж)	[slo'watʃina]
Croazia (f)	**Хорватія** (ж)	[hor'watiᵢa]
Repubblica (f) Ceca	**Чехія** (ж)	['tʃɛhiᵢa]
Estonia (f)	**Естонія** (ж)	[ɛs'toniᵢa]
Bosnia-Erzegovina (f)	**Боснія** (ж) **і Герцеговина** (ж)	['bosniᵢa i ɦɛrtsɛɦo'wina]
Macedonia (f)	**Македонія** (ж)	[makɛ'doniᵢa]
Slovenia (f)	**Словенія** (ж)	[slo'wɛniᵢa]
Montenegro (m)	**Чорногорія** (ж)	[tʃorno'ɦoriᵢa]
Bielorussia (f)	**Білорусь** (ж)	[bilo'rusᵢ]
Moldavia (f)	**Молдова** (ж)	[mol'dowa]
Russia (f)	**Росія** (ж)	[ro'siᵢa]
Ucraina (f)	**Україна** (ж)	[ukra'jina]

20. Paesi. Parte 2

Asia (f)	**Азія** (ж)	['aziᵢa]
Vietnam (m)	**В'єтнам** (ч)	[w'ɛt'nam]
India (f)	**Індія** (ж)	['indiᵢa]
Israele (m)	**Ізраїль** (ч)	[iz'rajilᵢ]
Cina (f)	**Китай** (ч)	[kɨ'taj]
Libano (m)	**Ліван** (ч)	[li'wan]
Mongolia (f)	**Монголія** (ж)	[mon'ɦoliᵢa]
Malesia (f)	**Малайзія** (ж)	[ma'lajziᵢa]
Pakistan (m)	**Пакистан** (ч)	[paki'stan]
Arabia Saudita (f)	**Саудівська Аравія** (ж)	[sa'udiwsᵢka a'rawiᵢa]
Tailandia (f)	**Таїланд** (ч)	[taji'land]
Taiwan (m)	**Тайвань** (ч)	[taj'wanᵢ]
Turchia (f)	**Туреччина** (ж)	[tu'rɛtʃina]
Giappone (m)	**Японія** (ж)	[ja'poniᵢa]
Afghanistan (m)	**Афганістан** (ч)	[afɦani'stan]
Bangladesh (m)	**Бангладеш** (ч)	[banɦla'dɛʃ]
Indonesia (f)	**Індонезія** (ж)	[indo'nɛziᵢa]
Giordania (f)	**Йорданія** (ж)	[ᵢor'daniᵢa]
Iraq (m)	**Ірак** (ч)	[i'rak]
Iran (m)	**Іран** (ч)	[i'ran]

Cambogia (f)	Камбоджа (ж)	[kam'bɔdʒa]
Kuwait (m)	Кувейт (ч)	[ku'wɛjt]
Laos (m)	Лаос (ч)	[la'ɔs]
Birmania (f)	М'янма (ж)	['mʲanma]
Nepal (m)	Непал (ч)	[nɛ'pal]

Emirati (m pl) Arabi	Об'єднані Арабські емірати	[o'b'ɛdnani a'rabsʲki ɛmi'rati]
Siria (f)	Сирія (ж)	['siriʲa]
Palestina (f)	Палестинська автономія (ж)	[palɛ'stinsʲka awto'nɔmiʲa]
Corea (f) del Sud	Південна Корея (ж)	[piw'dɛna ko'rɛʲa]
Corea (f) del Nord	Північна Корея (ж)	[piw'nitʃna ko'rɛʲa]

Stati (m pl) Uniti d'America	Сполучені Штати Америки	[spo'lutʃɛni 'ʃtatɨ a'mɛrikɨ]
Canada (m)	Канада (ж)	[ka'nada]
Messico (m)	Мексика (ж)	['mɛksika]
Argentina (f)	Аргентина (ж)	[arɦɛn'tina]
Brasile (m)	Бразилія (ж)	[bra'ziliʲa]

Colombia (f)	Колумбія (ж)	[ko'lumbiʲa]
Cuba (f)	Куба (ж)	['kuba]
Cile (m)	Чилі (ж)	['tʃili]
Venezuela (f)	Венесуела (ж)	[wɛnɛsu'ɛla]
Ecuador (m)	Еквадор (ч)	[ɛkwa'dɔr]

Le Bahamas	Багамські острови (мн)	[ba'ɦamsʲki ostro'wɨ]
Panama (m)	Панама (ж)	[pa'nama]
Egitto (m)	Єгипет (ч)	[ɛ'ɦipɛt]
Marocco (m)	Марокко (с)	[ma'rɔkko]
Tunisia (f)	Туніс (ч)	[tu'nis]

Kenya (m)	Кенія (ж)	['kɛniʲa]
Libia (f)	Лівія (ж)	['liwiʲa]
Repubblica (f) Sudafricana	Південно-Африканська Республіка (ж)	[piw'dɛno afri'kansʲka rɛs'publika]
Australia (f)	Австралія (ж)	[aw'straliʲa]
Nuova Zelanda (f)	Нова Зеландія (ж)	[no'wa zɛ'landiʲa]

21. Tempo. Disastri naturali

tempo (m)	погода (ж)	[po'ɦɔda]
previsione (f) del tempo	прогноз (ч) погоди (ж)	[proɦ'nɔz po'ɦɔdi]
temperatura (f)	температура (ж)	[tɛmpɛra'tura]
termometro (m)	термометр (ч)	[tɛr'mɔmɛtr]
barometro (m)	барометр (ч)	[ba'rɔmɛtr]

| sole (m) | сонце (с) | ['sɔntsɛ] |
| splendere (vi) | світити | [swi'titi] |

di sole (una giornata ~)	сонячний	['sɔnʲatʃnij]
sorgere, levarsi (vr)	зійти	[zij'tɨ]
tramontare (vi)	сісти	['sistɨ]

pioggia (f)	дощ (ч)	[doɕ]
piove	йде дощ	[jdɛ doɕ]
pioggia (f) torrenziale	проливний дощ (ч)	[prolɨw'nij doɕ]
nube (f) di pioggia	хмара (ж)	['hmara]
pozzanghera (f)	калюжа (ж)	[ka'lʲuʒa]
bagnarsi (~ sotto la pioggia)	мокнути	['mɔknutɨ]

temporale (m)	гроза (ж)	[ɦro'za]
fulmine (f)	блискавка (ж)	['blɨskawka]
lampeggiare (vi)	блискати	['blɨskatɨ]
tuono (m)	грім (ч)	[ɦrim]
tuona	гримить грім	[ɦrɨ'mɨtʲ ɦrim]
grandine (f)	град (ч)	[ɦrad]
grandina	йде град	[jdɛ ɦrad]

caldo (m), afa (f)	спека (ж)	['spɛka]
fa molto caldo	спекотно	[spɛ'kɔtno]
fa caldo	тепло	['tɛplo]
fa freddo	холодно	['hɔlodno]
foschia (f), nebbia (f)	туман (ч)	[tu'man]
nebbioso (agg)	туманний	[tu'manɨj]
nuvola (f)	хмара (ж)	['hmara]
nuvoloso (agg)	хмарний	['hmarnɨj]
umidità (f)	вологість (ж)	[wolohistʲ]

neve (f)	сніг (ч)	[sniɦ]
nevica	йде сніг (ч)	[jdɛ sniɦ]
gelo (m)	мороз (ч)	[mo'rɔz]
sotto zero	нижче нуля	['nɨʒtʃɛ nu'lʲa]
brina (f)	паморозь (ж)	['pamorozʲ]

maltempo (m)	негода (ж)	[nɛ'ɦoda]
disastro (m)	катастрофа (ж)	[kata'strɔfa]
inondazione (f)	повінь (ж)	['pɔwinʲ]
valanga (f)	лавина (ж)	[la'wɨna]
terremoto (m)	землетрус (ч)	[zɛmlɛt'rus]

scossa (f)	поштовх (ч)	['pɔʃtowh]
epicentro (m)	епіцентр (ч)	[ɛpi'tsɛntr]
eruzione (f)	виверження (с)	['wɨwɛrʒɛnʲa]
lava (f)	лава (ж)	['lawa]

tornado (m)	торнадо (ч)	[tor'nado]
tromba (f) d'aria	смерч (ч)	[smɛrtʃ]
uragano (m)	ураган (ч)	[ura'ɦan]
tsunami (m)	цунамі (с)	[tsu'nami]
ciclone (m)	циклон (ч)	[tsik'lɔn]

22. Animali. Parte 1

animale (m)	тварина (ж)	[twa'rina]
predatore (m)	хижак (ч)	[hi'ʒak]
tigre (f)	тигр (ч)	[tiɦr]
leone (m)	лев (ч)	[lɛw]
lupo (m)	вовк (ч)	[wowk]
volpe (m)	лисиця (ж)	[liˈsitsʲa]
giaguaro (m)	ягуар (ч)	[jaɦu'ar]
lince (f)	рись (ж)	[risʲ]
coyote (m)	койот (ч)	[ko'jot]
sciacallo (m)	шакал (ч)	[ʃa'kal]
iena (f)	гієна (ж)	[ɦi'ɛna]
scoiattolo (m)	білка (ж)	['bilka]
riccio (m)	їжак (ч)	[jiˈʒak]
coniglio (m)	кріль (ч)	[krilʲ]
procione (f)	єнот (ч)	[ɛ'nɔt]
criceto (m)	хом'як (ч)	[ho'mʲʲak]
talpa (f)	кріт (ч)	[krit]
topo (m)	миша (ж)	['miʃa]
ratto (m)	щур (ч)	[ɕur]
pipistrello (m)	кажан (ч)	[ka'ʒan]
castoro (m)	бобер (ч)	[bo'bɛr]
cavallo (m)	кінь (ч)	[kinʲ]
cervo (m)	олень (ч)	['ɔlɛnʲ]
cammello (m)	верблюд (ч)	[wɛr'blʲud]
zebra (f)	зебра (ж)	['zɛbra]
balena (f)	кит (ч)	[kit]
foca (f)	тюлень (ч)	[tʲu'lɛnʲ]
tricheco (m)	морж (ч)	[morʒ]
delfino (m)	дельфін (ч)	[dɛlʲˈfin]
orso (m)	ведмідь (ч)	[wɛd'midʲ]
scimmia (f)	мавпа (ж)	['mawpa]
elefante (m)	слон (ч)	[slon]
rinoceronte (m)	носоріг (ч)	[noso'riɦ]
giraffa (f)	жирафа (ж)	[ʒirafa]
ippopotamo (m)	бегемот (ч)	[bɛɦɛ'mɔt]
canguro (m)	кенгуру (ч)	[kɛnɦu'ru]
gatta (f)	кішка (ж)	['kiʃka]
mucca (f)	корова (ж)	[ko'rɔwa]
toro (m)	бик (ч)	[bik]
pecora (f)	вівця (ж)	[wiw'tsʲa]

capra (f)	коза (ж)	[ko'za]
asino (m)	осел (ч)	[o'sɛl]
porco (m)	свиня (ж)	[swi'nʲa]
gallina (f)	курка (ж)	['kurka]
gallo (m)	півень (ч)	['piwɛnʲ]
anatra (f)	качка (ж)	['katʃka]
oca (f)	гусак (ч)	[ɦu'sak]
tacchina (f)	індичка (ж)	[in'ditʃka]
cane (m) da pastore	вівчарка (ж)	[wiw'tʃarka]

23. Animali. Parte 1

uccello (m)	птах (ч)	[ptah]
colombo (m), piccione (m)	голуб (ч)	['ɦɔlub]
passero (m)	горобець (ч)	[ɦoro'bɛts]
cincia (f)	синиця (ж)	[sɨ'nɨtsʲa]
gazza (f)	сорока (ж)	[so'rɔka]
aquila (f)	орел (ч)	[o'rɛl]
astore (m)	яструб (ч)	['ʲastrub]
falco (m)	сокіл (ч)	['sɔkil]
cigno (m)	лебідь (ч)	['lɛbidʲ]
gru (f)	журавель (ч)	[ʒura'wɛlʲ]
cicogna (f)	чорногуз (ч)	[tʃorno'ɦuz]
pappagallo (m)	папуга (ч)	[pa'puɦa]
pavone (m)	пава (ж)	['pawa]
struzzo (m)	страус (ч)	['straus]
airone (m)	чапля (ж)	['tʃaplʲa]
usignolo (m)	соловей (ч)	[solo'wɛj]
rondine (f)	ластівка (ж)	['lastiwka]
picchio (m)	дятел (ч)	['dʲatɛl]
cuculo (m)	зозуля (ж)	[zo'zulʲa]
civetta (f)	сова (ж)	[so'wa]
pinguino (m)	пінгвін (ч)	[pinɦ'win]
tonno (m)	тунець (ч)	[tu'nɛts]
trota (f)	форель (ж)	[fo'rɛlʲ]
anguilla (f)	вугор (ч)	[wu'ɦɔr]
squalo (m)	акула (ж)	[a'kula]
granchio (m)	краб (ч)	[krab]
medusa (f)	медуза (ж)	[mɛ'duza]
polpo (m)	восьминіг (ч)	[wosʲmi'niɦ]
stella (f) marina	морська зірка (ж)	[morsʲ'ka 'zirka]
riccio (m) di mare	морський їжак (ч)	[morsʲ'kij ji'ʒak]
cavalluccio (m) marino	морський коник (ч)	[morsʲ'kij 'kɔnik]

gamberetto (m)	креветка (ж)	[krɛ'wɛtka]
serpente (m)	змія (ж)	[zmiⁱ'a]
vipera (f)	гадюка (ж)	[ha'dʲuka]
lucertola (f)	ящірка (ж)	[ˈⁱaɕirka]
iguana (f)	ігуана (ж)	[ihu'ana]
camaleonte (m)	хамелеон (ч)	[hamɛlɛ'ɔn]
scorpione (m)	скорпіон (ч)	[skorpi'ɔn]
tartaruga (f)	черепаха (ж)	[ʧɛrɛ'paha]
rana (f)	жабка (ж)	['ʒabka]
coccodrillo (m)	крокодил (ч)	[kroko'dɨl]
insetto (m)	комаха (ж)	[ko'maha]
farfalla (f)	метелик (ч)	[mɛ'tɛlɨk]
formica (f)	мураха (ж)	[mu'raha]
mosca (f)	муха (ж)	['muha]
zanzara (f)	комар (ч)	[ko'mar]
scarabeo (m)	жук (ч)	[ʒuk]
ape (f)	бджола (ж)	[bdʒo'la]
ragno (m)	павук (ч)	[pa'wuk]
coccinella (f)	сонечко (с)	['sɔnɛʧko]

24. Alberi. Piante

albero (m)	дерево (с)	['dɛrɛwo]
betulla (f)	береза (ж)	[bɛ'rɛza]
quercia (f)	дуб (ч)	[dub]
tiglio (m)	липа (ж)	['lɨpa]
pioppo (m) tremolo	осика (ж)	[o'sɨka]
acero (m)	клен (ч)	[klɛn]
abete (m)	ялина (ж)	[ja'lɨna]
pino (m)	сосна (ж)	[sos'na]
cedro (m)	кедр (ч)	[kɛdr]
pioppo (m)	тополя (ж)	[to'polʲa]
sorbo (m)	горобина (ж)	[horo'bɨna]
faggio (m)	бук (ч)	[buk]
olmo (m)	в'яз (ч)	[wʲjaz]
frassino (m)	ясен (ч)	['ⁱasɛn]
castagno (m)	каштан (ч)	[kaʃ'tan]
palma (f)	пальма (ж)	['palʲma]
cespuglio (m)	кущ (ч)	[kuɕ]
fungo (m)	гриб (ч)	[hrib]
fungo (m) velenoso	отруйний гриб (ч)	[ot'rujnɨj hrib]
porcino (m)	білий гриб (ч)	['bilɨj 'hrib]
rossola (f)	сироїжка (ж)	[sɨro'jiʒka]
ovolaccio (m)	мухомор (ч)	[muho'mɔr]

fungo (m) moscario	поганка (ж)	[po'ɦanka]
fiore (m)	квітка (ж)	['kwitka]
mazzo (m) di fiori	букет (ч)	[bu'kɛt]
rosa (f)	троянда (ж)	[troʲ'anda]
tulipano (m)	тюльпан (ч)	[tʲulʲ'pan]
garofano (m)	гвоздика (ж)	[ɦwoz'dika]

camomilla (f)	ромашка (ж)	[ro'maʃka]
cactus (m)	кактус (ч)	['kaktus]
mughetto (m)	конвалія (ж)	[kon'waliʲa]
bucaneve (m)	пролісок (ч)	['prɔlisok]
ninfea (f)	латаття (с)	[la'tattʲa]

serra (f)	оранжерея (ж)	[oranʒɛ'rɛʲa]
prato (m) erboso	газон (ч)	[ɦa'zɔn]
aiuola (f)	клумба (ж)	['klumba]

pianta (f)	рослина (ж)	[ros'lina]
erba (f)	трава (ж)	[tra'wa]
foglia (f)	листок (ч)	[lis'tɔk]
petalo (m)	пелюстка (ж)	[pɛ'lʲustka]
stelo (m)	стебло (с)	[stɛb'lɔ]
germoglio (m)	паросток (ч)	['parostok]

cereali (m pl)	зернові рослини (мн)	[zɛrno'wi ros'lini]
frumento (m)	пшениця (ж)	[pʃɛ'nitsʲa]
segale (f)	жито (с)	['ʒito]
avena (f)	овес (ч)	[o'wɛs]

miglio (m)	просо (с)	['prɔso]
orzo (m)	ячмінь (ч)	[jatʃ'minʲ]
mais (m)	кукурудза (ж)	[kuku'rudza]
riso (m)	рис (ч)	[ris]

25. Varie parole utili

aiuto (m)	допомога (ж)	[dopo'mɔɦa]
base (f)	база (ж)	['baza]
bilancio (m) (equilibrio)	баланс (ч)	[ba'lans]
categoria (f)	категорія (ж)	[katɛ'ɦɔriʲa]
coincidenza (f)	збіг (ч)	[zbiɦ]

confronto (m)	порівняння (с)	[poriw'nʲanʲa]
differenza (f)	різниця (ж)	[riz'nitsʲa]
effetto (m)	ефект (ч)	[ɛ'fɛkt]
elemento (m)	елемент (ч)	[ɛlɛ'mɛnt]
errore (m)	помилка (ж)	[po'milka]

| esempio (m) | приклад (ч) | ['priklad] |
| fatto (m) | факт (ч) | [fakt] |

forma (f) (aspetto)	форма (ж)	['fɔrma]
genere (m) (tipo, sorta)	вид (ч)	[wid]
grado (m) (livello)	ступінь (ч)	['stupinʲ]

ideale (m)	ідеал (ч)	[idɛ'al]
inizio (m)	початок (ч)	[po'ʧatok]
modo (m) (maniera)	спосіб (ч)	['spɔsib]
momento (m)	момент (ч)	[mo'mɛnt]
ostacolo (m)	перешкода (ж)	[pɛrɛʃ'kɔda]

parte (f) (~ di qc)	частина (ж)	[ʧas'tina]
pausa (f)	перерва (ж)	[pɛ'rɛrwa]
pausa (f) (sosta)	пауза (ж)	['pauza]
posizione (f)	позиція (ж)	[po'ziʦiʲa]
problema (m)	проблема (ж)	[prob'lɛma]
processo (m)	процес (ч)	[pro'ʦɛs]
progresso (m)	прогрес (ч)	[proɦ'rɛs]
proprietà (f) (qualità)	властивість (ж)	[wlas'tiwistʲ]
reazione (f)	реакція (ж)	[rɛ'aktsiʲa]
rischio (m)	ризик (ч)	['rizik]

ritmo (m)	темп (ч)	[tɛmp]
scelta (f)	вибір (ч)	['wibir]
segreto (m)	таємниця (ж)	[taɛm'nitsʲa]
serie (f)	серія (ж)	['sɛriʲa]
sforzo (m) (fatica)	зусилля (c)	[zu'silʲa]

sistema (m)	система (ж)	[sis'tɛma]
situazione (f)	ситуація (ж)	[situ'atsiʲa]
soluzione (f)	рішення (c)	['riʃɛnʲa]
standard (agg)	стандартний	[stan'dartnij]
stile (m)	стиль (ч)	[stilʲ]

sviluppo (m)	розвиток (ч)	['rɔzwitok]
tabella (f) (delle calorie, ecc.)	таблиця (ж)	[tab'litsʲa]
termine (m) (parola)	термін (ч)	['tɛrmin]
turno (m) (aspettare il proprio ~)	черга (ж)	['ʧɛrɦa]

urgente (agg)	терміновий	[tɛrmi'nɔwij]
utilità (f)	користь (ж)	['kɔristʲ]
variante (f)	варіант (ч)	[wari'ant]
verità (f)	істина (ж)	['istina]
zona (f)	зона (ж)	['zɔna]

26. Modificatori. Aggettivi. Parte 1

| abbronzato (agg) | засмаглий | [zas'maɦlij] |
| acido, agro (sapore) | кислий | ['kislij] |

affilato (coltello ~)	гострий	['hɔstrij]
alto (voce ~a)	гучний	[hutʃ'nij]
amaro (sapore)	гіркий	[hir'kij]
antico (civiltà, ecc.)	давній	['dawnij]
aperto (agg)	відкритий	[wid'kritij]
artificiale (agg)	штучний	['ʃtutʃnij]
basso (~a voce)	тихий	['tihij]
bello (agg)	гарний	['harnij]
buono, gustoso	смачний	[smatʃ'nij]
cattivo (agg)	поганий	[po'hanij]
centrale (agg)	центральний	[tsɛn'tralʲnij]
cieco (agg)	сліпий	[sli'pij]
clandestino (agg)	підпільний	[pid'pilʲnij]
compatibile (agg)	сумісний	[su'misnij]
contento (agg)	задоволений	[zado'wɔlɛnij]
continuo (agg)	тривалий	[tri'walij]
corto (non lungo)	короткий	[ko'rɔtkij]
crudo (non cotto)	сирий	[si'rij]
denso (fumo ~)	щільний	['ɕilʲnij]
destro (lato ~)	правий	['prawij]
di seconda mano	уживаний	[u'ʒɨwanij]
difficile (decisione)	важкий	[waʒ'kij]
dolce (acqua ~)	прісний	['prisnij]
dolce (gusto)	солодкий	[so'lɔdkij]
dritto (linea, strada ~a)	прямий	[prʲa'mij]
duro (non morbido)	твердий	[twɛr'dij]
eccellente (agg)	добрий	['dɔbrij]
eccessivo (esagerato)	надмірний	[nad'mirnij]
enorme (agg)	величезний	[wɛli'tʃɛznij]
esterno (agg)	зовнішній	['zɔwniʃnij]
facile (agg)	легкий	[lɛh'kij]
felice (agg)	щасливий	[ɕas'liwij]
fertile (terreno)	родючий	[ro'dʲutʃij]
forte (una persona ~)	сильний	['silʲnij]
fragile (porcellana, vetro)	крихкий	[krih'kij]
gentile (agg)	ввічливий	['wwitʃliwij]
grande (agg)	великий	[wɛ'likij]
gratuito (agg)	безкоштовний	[bɛzkoʃ'tɔwnij]
immobile (agg)	нерухомий	[nɛru'hɔmij]
importante (agg)	важливий	[waʒ'liwij]
intelligente (agg)	розумний	[ro'zumnij]
interno (agg)	внутрішній	['wnutriʃnij]
legale (agg)	законний	[za'kɔnij]
leggero (che pesa poco)	легкий	[lɛh'kij]

liquido (agg)	рідкий	[rid'kij]
liscio (superficie ~a)	гладкий	['ɦladkij]
lungo (~a strada, ecc.)	довгий	['dɔwɦij]

27. Modificatori. Aggettivi. Parte 2

malato (agg)	хворий	['hwɔrij]
maturo (un frutto ~)	дозрілий	[do'zrilij]
misterioso (agg)	загадковий	[zaɦad'kɔwij]
morbido (~ al tatto)	м'який	[mʲla'kij]
morto (agg)	мертвий	['mɛrtwij]
nativo (paese ~)	рідний	['ridnij]
negativo (agg)	негативний	[nɛɦa'tiwnij]
non difficile	неважкий	[nɛwaʒ'kij]
normale (agg)	нормальний	[nor'malʲnij]
nuovo (agg)	новий	[no'wij]
obbligatorio (agg)	обов'язковий	[obowʲlaz'kɔwij]
opaco (colore)	матовий	['matowij]
opposto (agg)	протилежний	[proti'lɛʒnij]
ordinario (comune)	звичайний	[zwi'tʃajnij]
originale (agg)	оригінальний	[oriɦi'nalʲnij]
per bambini	дитячий	[di'tʲlatʃij]
perfetto (agg)	чудовий	[tʃu'dowij]
pericoloso (agg)	небезпечний	[nɛbɛz'pɛtʃnij]
personale (agg)	персональний	[pɛrso'nalʲnij]
pieno (bicchiere, ecc.)	повний	['pɔwnij]
poco chiaro (agg)	неясний	[nɛ'lasnij]
poco profondo (agg)	мілкий	[mil'kij]
possibile (agg)	можливий	[moʒ'liwij]
povero (agg)	бідний	['bidnij]
preciso, esatto	точний	['tɔtʃnij]
principale (più importante)	головний	[ɦolow'nij]
principale (primario)	основний	[osnow'nij]
probabile (agg)	імовірний	[imo'wirnij]
pubblico (agg)	громадський	[ɦro'madsʲkij]
pulito (agg)	чистий	['tʃistij]
raro (non comune)	рідкісний	['ridkisnij]
rischioso (agg)	ризикований	[rizi'kɔwanij]
scorso (il mese ~)	минулий	[mi'nulij]
simile (agg)	схожий	['shɔʒij]
sinistro (agg)	лівий	['liwij]
solido (parete ~a)	міцний	[mits'nij]
spazioso (stanza ~a)	просторий	[pros'tɔrij]

speciale (agg)	спеціальний	[spɛtsi'alʲnij]
sporco (agg)	брудний	[brud'nij]
stretto (un vicolo ~)	вузький	[wuzʲ'kij]
stupido (agg)	дурний	[dur'nij]
successivo, prossimo	наступний	[na'stupnij]
supplementare (agg)	додатковий	[dodat'kɔwij]
surgelato (cibo ~)	заморожений	[zamo'rɔʒɛnij]
triste (infelice)	сумний	[sum'nij]
ultimo (agg)	останній	[os'tanij]
vecchio (una casa ~a)	старий	[sta'rij]
veloce, rapido	швидкий	[ʃwid'kij]
vuoto (un bicchiere ~)	пустий	[pus'tij]

28. Verbi. Parte 1

accendere (luce)	вмикати	[wmɨ'kati]
accusare (vt)	звинувачувати	[zwinu'watʃuwati]
afferrare (vt)	ловити	[lo'witi]
affittare (dare in affitto)	наймати	[naj'mati]
aiutare (vt)	допомагати	[dopoma'ɦati]
amare (qn)	кохати	[ko'hati]
andare (camminare)	йти	[jti]
annullare (vt)	скасувати	[skasu'wati]
annunciare (vt)	оголошувати	[oɦo'lɔʃuwati]
appartenere (vi)	належати	[na'lɛʒati]
aprire (vt)	відчинити	[widtʃi'niti]
arrivare (vi)	приїжджати	[priji'ʑati]
asciugare (~ i capelli)	сушити	[su'ʃiti]
aspettare (vt)	чекати	[tʃɛ'kati]
avere (vt)	мати	['mati]
avere fretta	поспішати	[pospi'ʃati]
avere fretta	поспішати	[pospi'ʃati]
avere paura	боятися	[boʲ'atisʲa]
ballare (vi, vt)	танцювати	[tantsʲu'wati]
bere (vi, vt)	пити	['piti]
cacciare (vt)	полювати	[polʲu'wati]
cadere (vi)	падати	['padati]
cambiare (vt)	поміняти	[pomi'nʲati]
cantare (vi)	співати	[spi'wati]
capire (vt)	розуміти	[rozu'miti]
cenare (vi)	вечеряти	[wɛ'tʃɛrʲati]
cessare (vt)	припиняти	[pripi'nʲati]
chiedere (domandare)	запитувати	[za'pituwati]
chiudere (vt)	закривати	[zakri'wati]

comminciare (vt)	починати	[potʃi'nati]
comparare (vt)	зрівнювати	['zriwnʲuwati]
comprare (vt)	купляти	[kup'lʲati]
confermare (vt)	підтвердити	[pid'twɛrditi]

congratularsi (con qn per qc)	вітати	[wi'tati]
conoscere (qn)	знати	['znati]
conservare (vt)	зберігати	[zbɛri'hati]
contare (calcolare)	лічити	[li'tʃiti]
contare su …	розраховувати на …	[rozra'howuwati na]
copiare (vt)	скопіювати	[skopiʲu'wati]

correre (vi)	бігти	['bihti]
costare (vt)	коштувати	['koʃtuwati]
costruire (vt)	будувати	[budu'wati]
creare (vt)	створити	[stwo'riti]
credere (vi)	вірити	['wiriti]
cucinare (vi)	готувати	[hotu'wati]

29. Verbi. Parte 2

dare (vt)	давати	[da'wati]
decidere (~ di fare qc)	вирішувати	[wi'riʃuwati]
dimenticare (vt)	забувати	[zabu'wati]
dipendere da …	залежати	[za'lɛʒati]
dire (~ la verità)	сказати	[ska'zati]
discutere (vt)	обговорювати	[obho'worʲuwati]

disprezzare (vt)	зневажати	[znɛwa'ʒati]
disturbare (vt)	заважати	[zawa'ʒati]
divorziare (vi)	розлучитися	[rozlu'tʃitisʲa]
dubitare (vi)	сумніватися	[sumni'watisʲa]
eliminare (vt)	видалити	['widaliti]

esigere (vt)	вимагати	[wima'hati]
esistere (vi)	існувати	[isnu'wati]
essere assente	бути відсутнім	['buti wid'sutnim]
essere d'accordo	погоджуватися	[po'hodʒuwatisʲa]
fare (vt)	робити	[ro'biti]

fare colazione	снідати	['snidati]
fare le pulizie	прибирати	[pribi'rati]
fidarsi (vr)	довіряти	[dowi'rati]
finire (vt)	закінчувати	[za'kintʃuwati]
firmare (~ un documento)	підписувати	[pid'pisuwati]
giocare (vi)	грати	['hrati]

| girare (~ a destra) | повертати | [powɛr'tati] |
| gridare (vi) | кричати | [kri'tʃati] |

guardare (vt)	дивитися	[dɨ'witisʲa]
incontrarsi (vr)	зустрічатися	[zustri'tʃatisʲa]
ingannare (vt)	обманювати	[ob'manʲuwati]
insistere (vi)	наполягати	[napolʲa'ɦati]
insultare (vt)	ображати	[obra'ʒati]
invitare (vt)	запрошувати	[za'proʃuwati]
lamentarsi (vr)	скаржитися	['skarʒitisʲa]
lasciar cadere	упускати	[upus'kati]
lavorare (vi)	працювати	[pratsʲu'wati]
leggere (vi, vt)	читати	[tʃɨ'tati]
mancare le lezioni	пропускати	[propus'kati]
mandare (vt)	відправляти	[widpraw'lʲati]
mangiare (vi, vt)	їсти	['jisti]
morire (vi)	померти	[po'mɛrti]
mostrare (vt)	показувати	[po'kazuwati]
nascere (vi)	народитися	[naro'ditisʲa]
nascondere (vt)	ховати	[ho'wati]
negare (vt)	заперечувати	[zapɛ'rɛtʃuwati]
nuotare (vi)	плавати	['plawati]
obbedire (vi)	підкоритися	[pidko'ritisʲa]
odiare (vt)	ненавидіти	[nɛna'wɨditi]

30. Verbi. Parte 3

pagare (vi, vt)	платити	[pla'titi]
parlare (vi, vt)	розмовляти	[rozmow'lʲati]
parlare con …	розмовляти з …	[rozmow'lʲatɨ z]
partecipare (vi)	брати участь	['brati 'utʃastʲ]
pensare (vi, vt)	думати	['dumati]
perdere (ombrello, ecc.)	губити	[ɦu'bɨti]
perdonare (vt)	прощати	[pro'çati]
permettere (vt)	дозволяти	[dozwo'lʲati]
piacere (vi)	подобатися	[po'dobatisʲa]
piangere (vi)	плакати	['plakati]
picchiare (vt)	бити	['bɨti]
picchiarsi (vr)	битися	['bɨtisʲa]
porre fine a …	припиняти	[prɨpɨ'nʲati]
(~ una relazione)		
potere (v aus)	могти	[moɦ'ti]
potere (vi)	могти	[moɦ'ti]
pranzare (vi)	обідати	[o'bidati]
pregare (vi, vt)	молитися	[mo'litisʲa]
prendere (vt)	брати	['brati]
prevedere (vt)	передбачити	[pɛrɛd'batʃiti]

promettere (vt)	обіцяти	[obi'ts/ati]
proporre (vt)	пропонувати	[proponu'wati]
provare (vt)	доводити	[do'wɔditi]
raccontare (~ una storia)	розповідати	[rozpowi'dati]
ricevere (vt)	отримати	[ot'rimati]
ringraziare (vt)	дякувати	['d/akuwati]
ripetere (ridire)	повторювати	[pow'tɔr/uwati]
riservare (vt)	резервувати	[rɛzɛrwu'wati]
rispondere (vi, vt)	відповідати	[widpowi'dati]
rompere (spaccare)	ламати	[la'mati]
rubare (~ i soldi)	красти	['krasti]
salvare (~ la vita a qn)	рятувати	[r/atu'wati]
sapere (vt)	знати	['znati]
sbagliare (vi)	помилятися	[pomi'l/atis/a]
scavare (vt)	рити	['riti]
scegliere (vt)	вибирати	[wibi'rati]
scherzare (vi)	жартувати	[ʒartu'wati]
scomparire (vi)	зникнути	['zniknuti]
scrivere (vt)	писати	[pi'sati]
scusare (vt)	вибачати	[wiba'tʃati]
scusarsi (vr)	вибачатися	[wiba'tʃatis/a]
sedersi (vr)	сідати	[si'dati]
sorridere (vi)	посміхатися	[posmi'hatis/a]
sparare (vi)	стріляти	[stri'l/ati]
spegnere (vt)	вимикати	[wimi'kati]
sperare (vi, vt)	сподіватися	[spodi'watis/a]
spiegare (vt)	пояснювати	[po'/asn/uwati]
stancarsi (vr)	втомлюватися	['wtɔml/uwatis/a]
studiare (vt)	вивчати	[wiw'tʃati]
tentare (vt)	намагатися	[nama'hatis/a]
tradurre (vt)	перекладати	[pɛrɛkla'dati]
trovare (vt)	знаходити	[zna'hɔditi]
tuffarsi (vr)	пірнати	[pir'nati]
uccidere (vt)	убивати	[ubi'wati]
udire (percepire suoni)	чути	['tʃuti]
vedere (vt)	бачити	['batʃiti]
vendere (vt)	продавати	[proda'wati]
verificare (ispezionare)	перевіряти	[pɛrɛwi'r/ati]
vietare (vt)	заборонити	[zaborɔ'niti]
volare (vi)	летіти	[lɛ'titi]
volere (desiderare)	хотіти	[hɔ'titi]